ちくま文庫

一人盆踊り

友川カズキ

筑摩書房

一人盆踊り

目次

詩篇 I

IV

V

VI

VII

詩篇 II

VIII

挿画・イラスト　友川カズキ

一人盆踊り

命のリスク

まえがき

今まで十何冊か拙作を、いろんな出版社から出していただいたが、文庫本は、これが初めてである。

しかし、それを新作で、ともし言われていたなら、物書きでもない私にはムリな話で、こうして形にもならなかったのであるが、ありがたいことに、今までの本の中からの短文と詩を選んで一冊にまとめましょう、と言って下さったので、お受けした次第である。

齢六十九。

もちろん読者にとっては、風前の口笛のごとき無能の私の身辺雑記などは、反面教師にこそなれ、凡そ屁みたいなシロモノには違いない。

巷間にはかつて「根拠のない自信」、という言葉があったが、さしずめ私の場合は、根拠のある、勘違い、誤解ということにでもなるのだろうか。

と言うのは、夢うつつの中に日々見え隠れする、勘違い、誤解、をボンヤリとではあるが私は少し好きである、それは虚構への入り口でも、あるやも知れぬと思うからである。

アパートの目の前に、小学校の体育館があり、毎週末子どもらがバスケットボールの練習をしている。ドリブルの音、ズックが床板に擦れてキュッキュッと鳴る音、それに時々喚声が混じる。夢ならぬ、うつつならぬ、猛然と私は駆け出し、敵陣を二、三人ドリブルで躱し、カットインシュートを決め、次にインターセプトしたボールをスリーポイントで、それこそビシバシと決め、今にも体が喜悦でパンパンに膨らみ破裂しそうになる。

少しばかり、静寂の時間があり、ゆっくりと目を開くと、私はフトンの中に居て、「ああ、今日は土曜日なんだ」、といつものように、独りごちるのである。

がしかし、体の中には確かに喜悦の残滓らしきモノが感ぜられ、それがスゥーッと消えてなくなるまでは、横になったまま、何もしないのが常である。

筑摩書房の編集者永田士郎さんには、ご迷惑を多々おかけしました、声をかけていただいた御恩忘れません。

敬愛する装丁家間村俊一さんには今回もまたお世話になりました。俳人、画家でもあるこの才能と酒席で、何十年も前にお会い出来たのは、ただただ幸運でした。

あとこの本の一から十まで手を焼いてくれたのは、大関直樹、佐々木康陽両氏である。私は逃げ回りながらもゴール直前、少し汗をかいて参加しただけである。

脚本家の加藤正人さんにも、小説執筆の多忙のなか一文を寄せていただきました。帯には又吉直樹さんから、ありがたくも玉（ぎょく）なる言葉をいただきました。たった一度きり酒場でお会いしただけの厚顔なお願いにも拘（かか）わらず、花を添えて下さり、深謝の限りです。

皆さん本当にありがとう。そして何より、この本を手にしてくれた方、一番ありがとう。

二〇一九年五月

友川カズキ

I

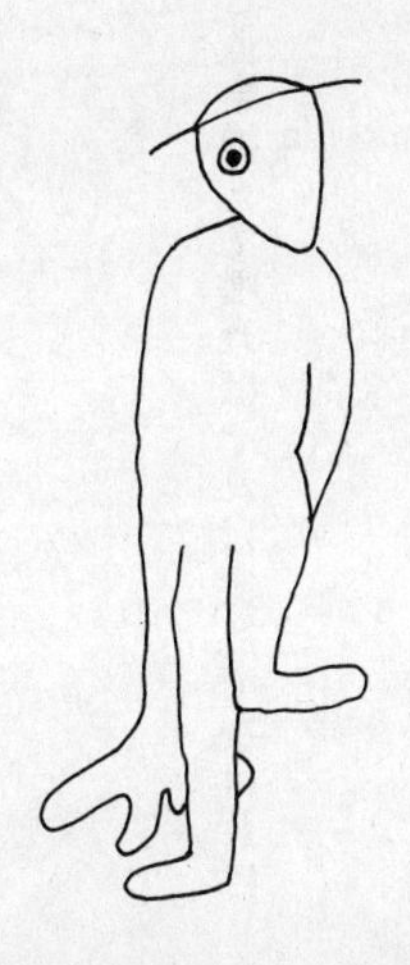

向って来る人には向って行く

向って来る人には向って行く。

いろんな人が今まで俺に向って来てくれた。

それはいつだって突然だった。否、感動と置き換えて喋ればそれは突然でなければならなかったのかもしれない。


俺は中学の三年まで母方の実家で祖父と祖母に育てられた。俺が小学校一年の頃まで両親も兄もすぐ下の弟もその家で一緒に暮らしていた。

それがその家に嫁さんを貰うことになって、両親は一キロくらい離れた所に一軒家を借りて住むことになったのだ。俺は生まれた時からおじっちゃ、おばっちゃ子であったから、引っ越しの日「俺は行かない」と言ったのだ。

両親も両親でそのうち来るだろうと思っていたのがそのままズルズルになってしまったらしい、引っ越しは馬車で行った。

まあ別に、なるようになって来たという感じで誰も怨んでいないし悔んでもいない。

祖父と祖母は静かで温厚でいい人の典型という感じの人だった。

今考えてみるとあの当時の生活はそれこそ春風駘蕩の日々だった。

幼時の頃俺はよく虫かぶりになったらしい。そのことからも判るように今でも俺は気性が激しく意地っ張りで傲岸だ。それが時々静かに優しい気持になれるのは祖父母のあの性格の中で暮らしたあの日々の事が軀（からだ）のどっかに沁みついているからだと最近思っている。

気性の激しいのは母に似、ガンコなところは父に似たと思っている。

父親は嫌いだった、会う度に口論していた。泣きながら俺は負かそうといつもかかっていった。「父っちゃは何も俺の話聞かね。何も判ってくれようとしね。例えば家の前に堤防がある。片側の一メートル下は畑、二メートル下は川だ、父っちゃは真ん中歩かねば危ねという。でも、どっちの側歩いで行っても注意して歩いで行げば危ねぐねべしゃ」という具合だ。父っちゃも困ってしまって終いには拳を振りあげるのだった。

今想えば父っちゃは言い続けることで、違う家に居る俺に対して父親でありたかったのかもしれないし、また無意識のうちの躾だったのかもしれない。今日も晩酌で「高清水」の二級を呑んでいるであろう父親を想う時、そのうち鍋でも囲んで一杯酌をしてやろうと想っている。

祖父母も両親も俺の前後左右にいつもいたけど決して俺に向って来なかった。最初に向って来たのは中原中也だった。その頃俺は初恋をしてて生き甲斐といえばその人と学校の廊下で会うことくらいだった。

人生の目的とか将来の目標など何ひとつ真剣に考えてはいなかった。第一ジンセイ等という言葉を使う人は周りに一人も居なかったし考えること自体気恥かしいことのように思っていた。

俺はあの時何をしに校内図書館に行ったのだろうか忘れてしまった。俺は強制的(?)に図書館で授業をやらされる(?)以外は行ったことがなかったのだ。心のどっかで図書館へ行く奴を軽蔑してさえいた。図書館から出てくる奴はなんかみんな歩き方とか目線とかで俺に差をつけてるような気がしたり、俺と同じ制服を着ている奴にはどうしても見えなかったのだ。

今考えるともの凄い偏見を持っていたのだ。ひがみだったのだ。あの時そうだ、誰も居なかった図書館の机の上に誰かの読みかけの本があった。それが中原中也の詩集だった。

ホラホラ、これが僕の骨だ、

この一行で俺はそれまでの生活と決別し自分も判らない方へ歩き出したのだ。

〈ホラホラ、これが僕の骨だ、〉

ほね？

俺の骨？　俺のほねホネ？

驚きの極致とはあの時のことを言うのかもしれない。

今まで知らなかった知らされなかった自分の中の深い所へ目を向けさせられた気がした。

毎日毎日来る日も来る日も俺の頭の中はその〈ホラホラ、これが僕の骨だ、〉がぐるぐる廻っていた。

それまで白紙だった俺のからだへ頭の上からドラム缶一杯のインクがドバッとかけられたのだった。

それから俺は詩を書き始めて今ノート八十冊にもなったが、未だにそのインクを拭い去る一行も書けないでいる。

それから俺に向って来たのは加藤廣志先生だった。

高校のバスケットボール部の監督である加藤先生のバスケットに対する情熱には完全にとりこになってしまった。

加藤先生は、社会というコートの上から、人生というリングに向って、自分というボールを正確にシュートできる名シューターだった。未だかつて俺はあれ程真剣で苛烈なシューターを見たことがない。

俺の一生は加藤先生との出会いですべてが決まったと言っても過言ではないような気がする。

加藤先生のあの鋭く厳しい目はそのまんま俺の足首の骨組になっている。

高校を卒業してから一時期俺は、市内の中学校のバスケットのコーチをしていた。

その頃俺は加藤先生の敷地内の別棟に住まわせて貰っていた。

俺は朝二時に起床して駅前の魚市場へ勤めていた。自転車で寒風の中をこいで行くのだが、決して辛くなかった。頭の中はいつもバスケットのことでいっぱいだった。不眠症になり胃潰瘍になり魚市場をやめ、事情がありバスケットのコーチもやめてしまった。

それから何カ月か拍子抜けの日々があり再び上京を決意した。

それにしてもあの何カ月かに呑んだ酒は、ただただにがい酒だった。

魚市場をやめてからのち、加藤先生に何かの機会に、「朝早く起きて吹雪の中を自転車に乗って行く君の後姿はとても美しかった」と言われ胸がとても痛んだのを今でも忘れない。

数多くの職を転々とし、いろんな人と会い、まだまだこりずにいろんな人と会うべく唄い歩いている。

加藤先生俺はもう美しくはないんだろうか。いつか先生がくれた手紙「典司君大いに泣き笑い叫べ！」嬉しかったです。

今でも口惜しい時無性に淋しい時は、加藤先生からの手紙とおじっちゃからの二通の手紙を読み返しています。

ローソクを立てピンク・フロイドの『原子心母』をかけバスケットの日々を回想し

下唇をかむ。

加藤先生俺はもう美しくはないんだろうか。

新宿の「ピットイン」に、なにげなく行ったのは相武台の飯場にいたころだった。ジャズの生演奏を聴くのは始めてだった。そして、そこから聞こえてきたものは、音がどうのこうのといったもんじゃなかった。その演奏は俺の長グッと一張羅のブレザーをたちまちのうちにぶっとばした。十五分ほどしか聞かなかったその演奏の中に、俺の肉体は完全にとけていた。

あとで、チラシをもらってわかったのだが、演奏していたのは「山下洋輔トリオ」というグループであった。

ジャニス・ジョプリンを聴いたのはいつ頃どこで何からだったのかは思い出せない。俺の家ではジャズとか英語の歌は「外国放送だ」と言ってすぐラジオのチャンネルを変えていたから、友達の家ででも偶然に聴いたのかもしれない。まだテレビのない時代である。

曲名も覚えていないがジャニスということだけはきいた。とにかく初めて人間の感情を歌で聞いた気がした。それから何回となくジャニスの歌をいろんな所で聴いたが未だに二曲くらいしか曲名は知らない。

余談だが秋田のロック喫茶でだいぶ酩酊して大恥をかいた。ジャニスのレコードがかかっているのに、ジャニスのレコードかけてくれと叫んでしまったのだ。それ以来秋田の友達はミュージシャンの俺に対して首をかしげたまま侮辱的に付き合うようになった。

高校卒業して日本橋の洋品問屋に勤めた。高校は工業高校の建築科だったが、もう建築をやる意志はなかったし、就職してすぐ辞めると次の年の求人で後輩が迷惑をするし、全然関係ない洋品問屋へ勤めたのだ。

寮は山谷の隣の今戸町という所だった。寮の先輩が電柱を指さし、あそこからあっちは山谷といって怖ろしい所だぞと入社してからすぐ言った。怖しいものみたさというか何の希望も変化もない生活に飽きた俺は、よく山谷を歩いた。

陽焼けか酒焼けした手ににぎり飯とカバンをもって歩きながら食べる人達をよく見かけた。それは子どもの頃夕方に俺達がコビ飯（まま）をおばあちゃんに、塩とか味噌で握って貰い、家の中で食わずに外へ出て、遊んでいる仲間の前でとくい気に食っていた光景にどっか似ていた。

言葉少なく下品だが、日常俺が接していた人達よりも人間らしく飾り気がなかった。田舎から出て来た人達が都会になじめず、田舎のまんまにおちていった姿に、俺は俺と同じにおいを嗅ぐことができたのかもしれない。

それから六カ月でその店を辞め、練馬の飯場に入った。しかし自分が何者であって、何をやりたいのか依然として判らなかった。

雨の日等は朝から酒を呑み、花札をやり寂しく又明日のためにフトンにもぐった。つまらない同じ明日のためにフトンに入り、起き上ってノートに（淋しい）と書いたってそれは余計淋しくなるばかりだった。

そんなある日、行きつけの赤ちょうちんで岡林信康の歌を聞いた。「山谷ブルース」、「チューリップのアップリケ」。その中に唄われた言葉は哀しいメロディーにのって一字一句俺の胸に深く入っていった。やはりそれも俺の知らない俺の深い所だった。

岡林信康がいなければ、俺はギターを買わなかったし唄わなかったに違いない。

向って来る人には向って行く。

俺のことは俺が唄わなければ。

恩師 加藤廣志先生のこと

私は秋田の県立能代工業高校の建築科を昭和四十三年に卒業した。

四十七、八人いたクラスのビリッケツがいつも私の成績であった。

一度、全国模擬試験というのがあり、その成績は廊下に貼り出されたのであるが、それを見て驚いたことに、渋谷といういつもは私よりずっと上位にいる男が私の次にいたのである。

何のことはない。廊下に貼り出すというような、そういうやり方に反発して彼は、答案を全部白紙で提出しただけのことであったのだ。

早速、渋谷は担任の橋本先生に呼ばれてしこたまアブラをしぼられたようであるが、もちろん私は、ほめられもまたおかげで、怒られもしなかった。

建築関係へ進む意欲もその当時はもう薄れていて授業もほとんど熱心ではなかった

が、熱心にたとえやっていたところで、もともと脳が弱いのだし、成績は大して変わらなかったように思う。

高校での三年間、私は加藤廣志監督の率いるバスケット部に属し、二年生になってからはマネージャーをやっていた。

学校ではバスケットに夢中になり、下宿へ帰ってからは、中学の時読んで影響を受けていた中原中也の詩の、ものまねのごとき詩を書くことに没頭した。

今私がこうしてまがりなりにもやってこれたのは、中也との出会いと加藤先生との出会いのおかげだ、とつくづく思っている。

中也は内側へ目を向けることを教えてくれ、加藤先生はその実践を身をもって示してくれた。

自我とか自己形成という言葉の何たるかは社会に出てずっとあとになってから判ったものだが、その根は高校時代にすでに叩き込んでいただいたような気がする。

その人間がどんなに素晴らしい大きな人物か表現するのに、私も詩人のはしくれであるからして、空とか山とか持ち出して語ることはできるのだが、空みたいな人も山みたいな人も、少ないながらも三十五年も生きていると何人かは出会うことができるが、加藤先生みたいな人は未だかつて会ったことがなく、実は加藤廣志ただ一人である、ということである。

高校を卒業してすでに十六年も経つというのにお会いすると、私はたちまちその圧倒的な存在感に打ちのめされてしまうのだ。

中也の帰郷という詩の一節に、

おまへはなにをして来たのだと……吹き来る風が私に云ふ

というのがあるけれど、そういう切迫した痛烈な問いが加藤先生のカラダから聞きとれるのだ。

それはとりもなおさず、日夜、加藤先生自身が己に発し続けている問いでもまたあるに違いないからだろう。

高校での三年間、私から見た加藤先生は、鬼心すら裡(うち)に秘めた激しい偉大なる挑戦者であり指標であった。

先日、秋の鳥取国体で通算二十七回目の全国優勝を遂げた。

記録は記録として前人未踏の立派なものであり素直に嬉しいのであるが、私自身それより何より加藤先生の自己をとことん律して人生に取り組むその姿勢の方に興味が尽きないのである。記録はいわばゲームの結果であり人生の付録みたいなものである。

勝利後の、「強さの秘密は?」というインタビューに加藤先生は「能代の冬の寒さです」と事もなげに言ってのけ、そのあと、勝利は、今大会連れてこれなくて能代に残っている彼ら全員の支えがあったればこそです、と涙しながら語るのである。

距離を少し置いて考えてみたところで、あっぱれとしか言いようがない。

高校を出てすぐ、私は加藤先生の家の別棟にただで住まわせていただきながら、魚の卸問屋へ勤め、近所の中学校のバスケットボールのコーチをやらせてもらっていた。

加藤先生になりたいと思っていた。

若いだけの情熱だけの突進は、反発こそ買うが、一歩たりとも前進あるものではなかった。

加藤先生は練習の合い間に、自分自身にもっともっとプライドを持て、と事あるごとに言われた。

土方であっちこっち流れて歩いて自暴自棄になっていた私の頭の隅にそれは、激励のように眩しくいつもあった。

三十五にもなっていまだに恩師の述志に導かれていなければならない己を情ないとも思う。

加藤先生のことは私ごときの言葉ではとても言い切れないのが、一本の険しき道を眼前に見据え、猛然とそれに立ち向かい挑んで行くさまが、今ここからもはっきりと見える。

自らの心とカラダをその限界に置いた姿は、哀しくも美しくもあり孤独の匂いすら発散していて、そのままそれは人のカタチをしている。

加藤廣志は私の恩師である。

兎の天敵

今日は一月一日である。

何も正月のことを書くように編集者に言われた訳ではないが、仕事部屋でウダウダしているうちに締切日が迫り、原稿用紙をひっぱり出した今日が、元旦であっただけのことである。

今頃は生まれ故郷の秋田の八竜（はちりゅう）の里は、文字通り一面すっぽり雪におおわれ、吹雪の荒ぶ奥羽の山々は、風だけが我もの顔で、あとはケモノの声とてもなくひっそりと静まり返ってることであろう。

また今年の冬は例年になく雪が多いときく。

雪というと、私は年に二、三回、冬に限らず忌わしい悪夢に襲われる。

それは兎にまつわることで、私が小学校五、六年の頃のことである。

当時近在の子どもたちは、たいがい伝書鳩か兎を飼っていた。

私は両方飼っていたが、特に兎は一番多い時で親兎だけで二十匹飼っていた時がある。

朝夕のエサの量が大変な量で、弟や近所の遊び仲間にも手伝ってもらっていた。もともと家が農家であり、家の前の畑やその辺りの畦道へ行けば、野菜クズやクローバーやヨモギやオオバコが簡単にいくらでもたやすく手に入り苦労もなかったのだが、冬は別であった。

雪が降りかけの頃はそれでも、あっちこっちの畑の野菜クズやら家の台所から出るもので間に合わせていたのであるが、何せ量が必要なため、充分行き渡らなくなり、どんどん衰弱し、一匹二匹と死んでゆくのである。

ジャガ芋は山ほどあるのだが、あんまりやるとガスが腹にたまって死んでしまうため、大根の干したのと、精製する前のモミ米を家の者の目を盗んでは食わせていたのであるが、それにもやはり限界があり、また一匹二匹と死んでゆくのである。

伝書鳩や兎を飼っている子どもは、猫によく殺られてしまうため、天敵のようにみんな猫を憎んでいたものだが、こと私の飼っていた兎に関してだけは、天敵は私に違いないのである。

結局冬を何とか生き延びたのは六、七匹だったような気がする。少しずつ死なないように、というよりは生かしてもいない量のエサしか与えられない。ある日、木の箱をバリバリ齧(かじ)る兎がいて、モミ米を与えたあと、フタをはずしたら勢いよく外にとび出し逃げた。

しばらくしてその兎が縁の下に棲みついているのが判り、野菜クズやらモミ米を投げてやったが、私の方へは警戒して近づこうとせず、こちらを睨みつつ、エサをまたたく間にたいらげてしまった。

そのあと姿を見たことはなかったが、毎日同じ場所にエサを置いておいたところ、何日間かは、あとかたもなく食べた形跡があったが、ある日のぞきに行くとエサがそのままになっており、「ああ」と思ってその次の日行ったらまだそのままになっていた。

箱の中で死んだ兎は、家の前の三種川へ堤防の上から投げてやった。

すっかり骨と皮だけになった兎はプチャッというえも言われぬ音を残し、八郎潟へ流れていった。

悪夢は、エサを何とかしなければ、という私のあせりと、兎の恨めしい眼光だけの光景に終始しているのであるが、どこからともなく、あのプチャッという音だけは必ず聞こえてくるのである。

絵を描き始めたのは今から六年前だが、兎ばっかり描いて、今まで五百匹あまりは描いただろうか、もちろんそんなことは何でもありはしないが、描いていて時々、縁の下へ逃げた兎が背中の方から近づいてきて私をガブリと殺るような妄想にかられる。ラプソディというには、あまりにバカな私の冬の記憶である。

東京にもたまに雪が降ると、一瞬、時間がさかのぼり、三種川のあの風に乗り、雪霊があらわれ、その肩にあの時の兎達がこちらに眼を向け、歯をむき、ゆっくりと呪い見る幻覚に襲われる。

三種川に立つ

春の信号

雪国生まれの人なら例外なくそういう経験を持っているだろうが、朝目覚めて外へ出て驚いたことが、田舎に居た時分毎年あった。

それは二月の終わりか三月の初め頃で、いつ終わるとも知れぬ、雪に閉ざされた長い冬に、諦念にも似た気持がカラダを支配し始めた頃である。

玄関を開け、いつもそうしているように梅の木に近づき雪の上に立ちションをしようとした時である。

梅の根元のところにそこだけが、ぽっかりとまるく、やわらかく雪がスコップでえぐられたかのように穴があき、のぞくと水仙の花が咲いているのである。

ハッと思い、しばらくは立ちションも忘れ、目を奪われるのであるが、やがてゆっくりとはっきりと、「おおう来たか、来てくれたか」と、その切ないばかりの春の信号を抱きすくめるのである。

東北を無彩色の町とかつて書いたのは松本清張だけれど、長く深い、白黒の冬の思いを見事にいい得た言葉ではある。

花で言うと、何年か前の三陸海岸を北上して行った時に見た桐の花が忘れられない。右手には蒼く美しいリアス式海岸が延々と続き、左手には一面うす紫色の桐の花が今を盛りと咲き乱れていたのである。

ほおう、とした感動は、やがて山道にさしかかり季節はずれの大雪になったことで、より今でも鮮明である。

半年あまりの無彩色があるからこその、彩色への飢餓であり、どはずれた感動になるのであろう。

II

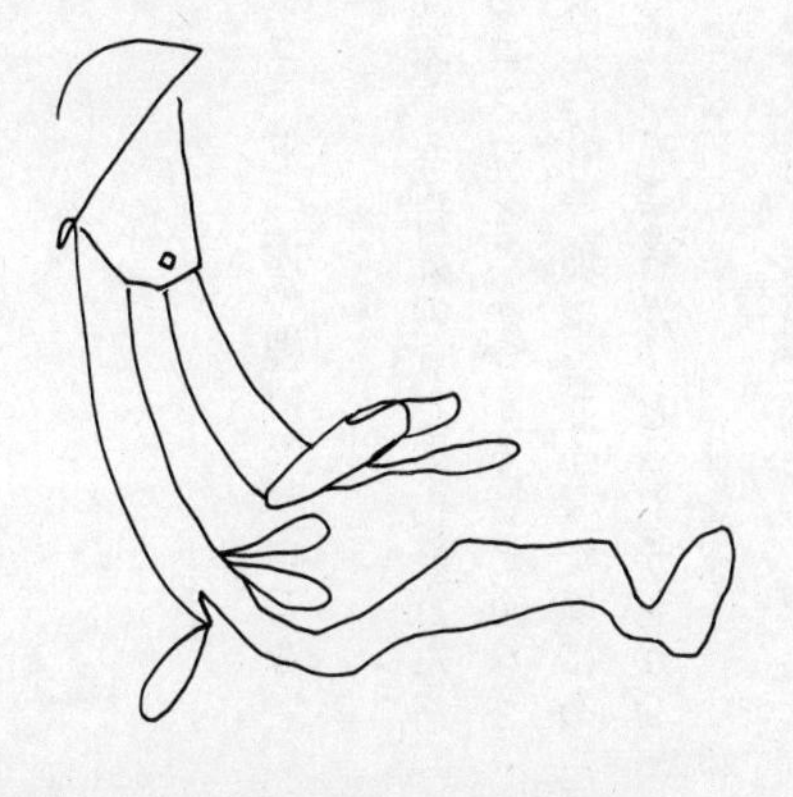

ボーンと鳴る

一昨年、中原中也の詩に作曲してうたったLPレコード『俺の裡で鳴り止まない詩』を出した。

思えば中学三年の時初めて眼にした「骨」という詩が、今自分のうたの出発点だった。在るもの（在ってしまったもの）の宿命が、骨のコンコンとぶつかる音と重なって軀全体に降りかかる時、その肉体は、立ち止って踏んばり、塊になるか、突風にあおられた火のように燃えさかり、走り去り、やがて溶けてしまうか、どっちかしかない。

ひとつの核を知らされたものにとってそれは、不幸でもあり幸福でもある。ただその基音になるボーンという哀しい響きは、そのどちらにも常に鳴りわたっているのである。

認識はまた憎悪の起点でもある。

基音を何とかしようとガンバルのである。

愚と好奇心が忙しく動き廻り、ヘドを吐き、のけぞり、とび、喚き、ぶつかり、ホトホトの態となるのである。死ねば助かる、と思ってはいけないと思っているから、思わないようにしているが、狂ったら鎮まる、とは決心している。

ところがである。その狂うのにも才が要るらしい。私みたいなデタラメ三昧のはみだしものには、行き着き、伏す寝床すらないみたいだ。

中原中也の実弟の中原思郎さんとは四度ほどお会いした。最初は詩の著作権の問題で、レコード会社のディレクターと山口の湯田温泉のご自宅へ伺い、そのあと自身の筆に依る本の出版の用で上京された折、渋谷で一度、川崎の拙宅で一度、そしてつい先日、テレビの作家や詩人をテーマにした番組で中原中也をとりあげ、私はそのリポーターとして一週間山口に滞在し、ずっと同行していただいた。

私は夕方から深夜まであびるように酒を呑み、その所為で昼は行く先々でヘドばっかり吐いていた。思郎さんは、夜は夜で、軀の弱い人はこれを呑まなきゃねえ、と冗談とも本気ともとれる口調で盃に手をやり、六十六年の全人格で笑い、昼は昼で、

「ウッ！」と吐き気を繰り返すオレを見て、友川さんは元気だねえ、しかしこりゃちょっと健康過多だねえ、と笑うのだった。

言うもなく
雨はそぼ降り
湯田の郷で
尊師中原中也に
重なるを愚にも夢にぞ視る
走っても到底届かない
時空のはざまで悶えあるのみ
救われるか！

いつも夕方までには取材を終え、まず思郎さん宅か旅館かで酒を盛り、少し意気のあがったところで外へ繰り出す。三、四軒はしごのあと、思郎さんを送り、ディレクターの北村さんとカメラマンの杉山さんが帰り、最後は一人でスナックで呑む。
次の日の酒席で、これ昨日書いたんですけど、と厚顔にも切り取って思郎さんに渡したら、思郎さんは、北村さんと杉山さんにそれを見せ、それをとると何も言わずすぐポケットにしまい込んだ。そして思郎さんは、そのことにはふれず、友川さんの「青春」という歌と「おじっちゃ」という歌、いいですねえ、この間「青春」をボリュウムをあげて聴いていたら、近所から電話で、お宅で何かいざこざでもあったんですか、と言ってきたんですよ、歌詞の、「殺せるなら殺してみろ！」という所だったんですよ、アッハッハハハ。

お会いしている間中、精一杯話し、怒り、笑い、泣き、叱ってくれた。背が低く禿げ頭でメガネをかけたご自分を、格好悪くてねえグロテスクでしょ、と、淋しい表情で半笑いするのだった。一度は意見が衝突し、そのまま別れた日もあったが、次の日またおうおうと右手をあげて寛大に迎えてくれ、負けるなよお、と言うのだった。

ちょうど私は今年三十、中原中也の亡くなった年齢である。

あ、おまへはなにをして来たのだと……
吹き来る風が私に云ふ

（中原中也「帰郷」の一節）

ああ、である。

中也の実母フクさんにもお会いした。百一歳である。その時の感情を表現する言葉も文字も私は知らない。風に問われる魂さえあれば、である。ボーンと鳴る。その源泉は誰にも判らない。中原中也に出会った時から、それはあった。カトリックから晩年仏教へと行った中也が、高橋新吉の「異宗同拝」という言葉に頷いたそうだ。

「中也の詩(うた)った空は神で水は時間なのでしょう」と語ってくれた思郎さん。川崎でまた一緒に健康過多になりましょう。

たこ八郎さんのこと

三十年も人類を経験していると、それはそれはいろんな人に出喰わすものだ、とつくづく思う。

跪き、手を合わせ、拝みたい人も居れば、無視するにも値しない屁みたいな人や、会ってるだけで背骨がビリビリし、抱きしめたくなる人も居る、というくらいに様々だ。

たこ八郎さんは本名斎藤清作といって、元全日本フライ級のチャンピオンだった。

現役の頃のことを私はまったく知らないが、聞くところによると、頭の真ん中を円型に剃り、それがカッパに似ているということで、「カッパの清作」と呼ばれて人気があったらしい。

そのボクシングの身上は、打たれても打たれてもラッシュをやめない猛攻、とある記事で読んだことがある。

通称たこさんと出会った頃のことは今でも鮮明だ。

赤塚不二夫さんの作で九日間渋谷の東横劇場で、『バカ田大ギャグ祭』というのが催された。出演は、たこさんの芸能界での師でもある由利徹さんとか東京ヴォードヴィルショー、ゲストにタモリほか笑いの世界、ピンクの世界ではそれぞれ一角をすでになしている人達だった。そのチラシの出演者の隅っこにたこさんとオレも載っていた。

劇中たこさんは上半身はだかでだぼだぼの作業ズボンをはき、首からボクシングのグローブをさげ「わあいわあい」と登場し、オレはと言えば幕と幕の間ギターを持って出て、二、三曲歌ってくるだけだった。

二人とも出番の時間だけ気を付け、あとはずっと楽屋で酒を呑んでいるのだった。

あんまりしつこく「たこさんたこさん」と追っかけるので、はじめはたこさんも変な奴だなと思いながらも付き合ってくれてるみたいだったが、日につれて「トモカズ居るか」とオレの楽屋を覗いて誘ってくれるのだった。「トモカズ」というのがどうも恥ずかしくて「たこさん友川かずきです、トモカワです」と言っても「ああそうかそうか」と笑いながらひと口呑むともう「トモカズ」になっているのだった。

公演の看板でもあるたこさんの最も尊敬する師匠の由利徹さんも最初は「こら！たこ！　またまた酒ばっかり呑んで、今度セリフ忘れたら承知しねえからな」と叱っていたが、何回も何回も叱りに来ているうちに、自分も座に加わり、和やかに話をした。ひと口呑んで、「あんまり呑み過ぎるなよ」と帰り、次の日は、酒を差し入れてくれるのであった。

たこさんはふだんもそうだが、目が覚めると呑んでて、呑むとぱたんと寝る、の連続なので、しらふの時はまずないといっていいほどだ。

ある芝居の打上げで、たこさんは例の如くさきにつぶれた。

いつ果てるともない酒盛りなので、酔っぱらってのびた順に客席のゴザの上に、それこそめいめいにゴロンと横になっていくわけだが、一度その照明もぼんやりとしたゴザの上のあっちこっちの黒いカタマリに、一枚一枚毛布をかけてやっている人が居た。

こちらも酔っているので、誰だあ、と思ってよく見たら、たこさんだった。

たこさんは起きてまた呑む、そのちょっと前のことだったのだろう。

誰にもどこにも責任のなさそうな集団の中でもたこさんはやっぱり、苦労した人らしくひと味違っていた。

また、ある朝水道の音が枕元でするので顔を起こしてみたら、たこさんと背の高い外人が、はだかになってタワシで軀をこすりながら水をかけ合っていた。聞くと、前の晩芝居を見に来た外人で、朝早く起きて一緒に二十四時間やっている呑み屋で、ホッピーを呑んできたらしい。「シーウーオー」とわけのわからない声を発しながら、互いの軀をこすり合っている様は、何とも可笑しく奇妙で笑ってしまった。「トモカズお前もこっちへ来て洗えや、気持ええど」と聞こえ、起き出して行ってみると、二人はもう外にゴザを敷き、それこそもう、真赤なゆでダコになってイビキをかいているのであった。

その外人は『将軍』という映画の出演で日本に来ているということだった。

最近、たこさんは血ばっかり吐いている。この間も一緒に呑んだ翌朝、助けてくれい、と細い力のない声で目を覚ますと、たこさんが洗面所に顔を突っ込んでいて、その周りに血が飛び散っていた。

笑いをめざし、おどけてみせるその日常の中、肉体はもうかなり蝕まれている。坊主頭の前の真ん中に、ちょこんと垂れた一センチ程の髪の毛が、切ない最後のプライドのごときで終わらないよう。

愛しのたこ八郎。春ぜ。若さぜ。夢ぜ。

たこ八郎が居た

十年来の友人でコメディアンのたこ八郎さんが、この七月二十四日昼前、神奈川の真鶴海岸で死んだ。

その日私は、小さな原稿をまとめるために、川崎のアパートに居た。突然、ふだんはあまり電話もよこさない青森生まれで北海道育ちのベース奏者清野和巳から「たこちゃん死んだよ」とかかってきた。

えっ何、と言ったような気もするし、もっと違った言い方をしたような気もするが、何しろ気があまりに動転してしまっていたので、今でははっきりと思い出すことができない。

何人かの友人に電話したら、すでにみんなテレビのテロップを見て知っていた。

歌人で下谷は法昌寺の御住職でもある福島泰樹さんに電話したら、筑波の方にどうしてもはずすことができない用事があるらしい。

ドラマーの石塚俊明に電話し、東京の友人関係のまとめ役をお願いし、川崎駅で役者の田村寛さんと待ち合わせ、遺体が置かれてるという小田原警察署へ向かった。

車中、いつもなら缶ビールくらいは呑むのだが、何故か二人とも淋しくどっかのまずい駅弁を黙ってつっついた。参ったなあ、と言うくらいしか言葉はなく、どっかへ今急いでいることすら夢まぼろしのウソであってくれればと念じるばかりであった。

葬式を終え、法昌寺でつい先日四十九日の集まりを持ったばかりの今も、その気持は変らない。

焼場でたこ八郎の骨を拾っている時でさえ、ふわあっと背後から、トモカズ（私のことをずっとそうやって呼んでいた）何やってんだ、と黒い山高帽に学生服のいつものスタイルで今にもたこさんが現われて来そうな気がした。

でも死んだのだ。

死、をしっかりと受け止めねばと思う。

たこ八郎は、私にとって一番長生きして欲しい人であった。真剣に私を叱ってくれる東京でただ一人の人であった。

私が女性問題を起こした時、それまで他人に手などあげる人では決してなかったが、私は彼のもっともな怒りの平手を一発頂戴したことがある。

ここ二、三年はテレビでたこさんが売れて忙しくなってきたのと、こちらが結婚して子どもができて生活に追われていたのとで、たまにしか会う機会がなくなっていたが、以前はそれこそ毎日のように会っては酒を酌み交わしていた。

朝起きると、どちらからともなく電話をかけ合い、何か食ったか、今何をしてるか、確かめ合ったものだ。

都内である私のコンサートへは必ずのように顔を見せてくれ、楽屋なり客席で、呑んでいるか寝ているか、であった。

また、新宿で呑んだ時は、百人町のたこさんの部屋に泊めてもらうのが恒例になっていたし、川崎の私のアパートへも何日間かの泊まりがけでよく遊びに来てくれた。

真夏の暑い盛りでも、それこそ窓際にふんどし一丁でゴロンと横になり、トモカズ太陽浴びろ、いいよお、オゾンがいっぱいあるからな、と言いながら、軀(からだ)中に汗をかいて気持良さそうに眠っていた。

一緒に海へも何度か行ったことがあるが、木蔭とか海の家とかには、折角太陽があるのにもったいない、と言って入らずに、一番ジリジリと太陽が射す所を選んで、ドーンと横になるのだった。

梅干しと納豆と卵があれば、ほかはもう何も要らない、というのも徹底していたし、百姓育ちのせいか、食物を残したり棄てたりする人を見た時は、顔を真赤にして烈火の如く怒っていた。

テレビで妙なボケ演技が話題になり、売れるにつれ、身辺は少なからず騒々しくはなっていたが、たこさん自身は何一つ変わらなかった。

唯一の変化といえば、陽の当らない暗い四畳半のアパートから、陽の当る六畳のアパートへ引っ越したくらいであった。その時も、たこさん売れてきたから今度は、もっとどんどん広い所へ住めるね、と言ったら、駄目だよお、これ以上広い所へ移ったら第一どこへ座ってたらいいか困ってしまうもの、と言うのであった。

買ってきたオニギリを一度には食いきれないから、と言っては冷蔵庫に入れ、なくなるまで何日でもそれを食っているのであった。

ここ二、三年は、たこさんと呑むとほとんどおごられてばかりであった。こちらがたまには払おうとすると、トモカズ！　このイナカ者！　お前よりはオレの方がずっと稼ぎがあるんだから、と言っては、よれよれのズボンのポケットから金を出しては払ってくれるのであった。

淋しい限り、である。

大事なかけがえのないものを突然何者かに、いとも簡単にもぎ奪られてしまったような気持だ。

たこ八郎の存在は私にとっても、私の友人達にとっても、本当に大きなものであった。

筆力のない私には、うまく書いて伝えるのができずもどかしい限りであるが、これからも機会あるごとに、私なりにたこさんのことを語っていきたい、と思う。

最後に四、五年前にたこさんの部屋に泊めてもらった時に書いた詩で「彼が居た――そうだ！　たこ八郎が居た」を次にのせます。

長い影が無数にのびている
風は眠ったように今のどかだ
誰もが兎になって眼を閉じ
性格の節々が疼き出したぞ
何が死だ！　生でもないくせに！
気狂いになる時から生きるぞ
穴の中には幾億の群れ

群れにぽとりと彼が居た

理解ある老木が二本もおお倒れた
失意が黒々と天までも昇る
海には無言の光が降り
野という野には一面桔梗
待つものもなく咲くことに咲く
年月が頭上を歪んで過ぎた
凍てついた窓を放つと
天を見上げる彼が居た

たこ八郎と中原中也

ユメの中でのことだから、別にそれほど大したことではないのだが、私のユメの中では、たこ八郎と中原中也は同一人物である。

目覚めの気分を目安に、優良、可、不可、と私はユメに、勝手にランク付けしていて、それは、可、の分野に入るのでおおむね、良し、としている。と言うのも、不安定な日々のせいかアルコール漬け故か、不可がほとんどで、可は一割程度あるかなしかで、優良は未だなし、と言うか見たことがないから判らない、という塩梅である。

それはユメだから、デタラメには違いないのだが、しかし全てが全て、という訳でもない、情緒の有り様の根というのは、やはり現実にあるから、その多くは、アレンジなり変容である。

それはいつも、たこ八郎の顔で現われ、中原中也のあの顔（黒い帽子を被りまんまるい目をした）、で終わるのである。

たこ八郎とは、五、六年の付き合いだった。亡くなる前の一年ほどは、彼がテレビで人気者になり多忙になったため、たまにしか会えなくなったが、それ以前は、お互いのアパートを行き来し、会えば朝だろうと昼だろうと、呑み始めるのである。お互い貧乏でヒマであったが、酒だけはなぜか手に入れていて、呑むために会っているのだから、それだけで良かったのである。

「たこちゃんは天使だったよ」、と彼が亡くなってから、ぽつんと赤塚不二夫さんが私に言った。

テレビや映画でしか観たことがない人は判らないかも知れないが、ボーとしていてチンプンカンプンなことをやる、というイメージというかキャラクターは、彼や周囲が創り上げたモノで、実際は、シャイで頭が良くて、どこまでもやさしい男で、まさに天使のようであった。

人を疲れさせない、テクニックというか、会って得をした、と相手に思わせる何かを、生まれながらに持っていて、人徳、と言えば、まさにそうなのかも知れない。
二、三日も一緒に居れば、男でも女でも飽きてしまうものだが、一週間ほど彼のアパートへ泊っていた時も、こちらに一週間来た時も常に、別れる時は、別れがたない気持にさせるのであった。

その時、中也の詩を思い出していたかは、あまりにも昔、のことなので今となっては忘れてしまったが、そういえばこんなのがある。

　忘れがたない、虹と花
　虹と花、虹と花
（「別離」）

中原中也は、私が中学の時、初めて、詩、文学というものに気触れさせてくれた人である。

　ホラホラ、これが僕の骨だ、
（「骨」）

私のちっぽけな世界は、あの黒い帽子を被り、星を宿し愁いを含んだ目をした男に、またたく間に冒(おか)され占領されてしまった。

私がウブだったのか、彼の毒が尋常ならざるモノであったのかは、今となってはもうそれもどうでもいいことだが、いわゆる私の中心における最初の男、には違いないのである。

が、しかし、それはあくまでも本の上のことであり、側近の書かれたものなどから、ボンヤリと、その在り様などが浮き上がって来るには来るが、声がないし、所作がない、実体がないのである。

今までユメに、たこ八郎はひんぱんに出て来ていたが、ここに来て、つい二、三度、たこ八郎の顔が気付くと、いつの間にか中原中也、に変わっているのである。

目覚めては、ただただ何の感想もなく、苦笑しては終わるのである。

中也の弟さんの思郎さんには生前、何度となくお会いし、拙宅でも山口から上京した折寄っていただき酒盛りをしたり、電話をよくいただいていたので、ユメには何度か見た気もし、思郎さんが、中也の顔に変わるのなら、それはそれで筋、でもあるからして、成るほど合点、ということにもなるのではあろうが――。

そういえば、思郎さんからは、大事な話、というか言葉を教わった。

それは思郎さんが、中也に言われたことで「何かを見ても、すぐ言葉にしたり、スケッチしようなんて思うな、黙って感じていればいいのだ、その感じる気持を養えばいいのだ」、私はその時、思郎さんに案内されて、生前中也が「白い蛇を見た」という水無川に向かっているところであった。

現実にたこ八郎とは、呑み屋かどこかのアパートか海の家、でしか呑んだ記憶はないが、ユメの中では、何故かいつも川べり、である。

名も知らぬ川の水の流れを見やりながら、ペチャクチャいつもそうしていたようにバカな話をしながら二人でウイスキーの水割りを呑んでいるのである。

「たこが真鶴の海で死んだ」、と当時の新聞記事にあったのを思い出し、「たこさん泳ぎは得意なんだし、それにこの川は深くないし安心だね」、と言うと、急に黙りこくったので、酔っていつものように眠くなったと思い、しばらく放っておいたのだが、横になる様子もないので、顔をのぞき込むと、中原中也、になっていたのである。

一瞬、「オレの詩にくだらない曲をつけやがって」、と怒られるかとも思ったが、中也は、四角いあの写真のままで、何も言わなかった。

ユメのことよ、とただ思うのみである。

佐渡は寒かった

III

寂滅

金融関係二カ所から借金して、弟の覚（さとる）が蒸発してから丸四カ月が過ぎた。丁度俺はその頃「寂滅」という歌を作りかけていて、昼から酒をチビリチビリやりながら、兄弟について少し考えていた。

膝頭を砕いて仕える
兄の無念を何に晴らそう
退屈な事実の百に
いいことひとつあればいい方なのだ
ふわりと子供を背負って走ろうか
果てというのが本当にあるなら

青い脳味噌の中を
寂滅のうたが流れる

兄は総領の甚六を地で行く感じの人で子ども二人に振り廻され、それはそれで油断もでき、優しくも哀しくも在る。

ざらついた背骨を
舌と涙で清める夜
遊びという社会も
そうだったんだという空想も
自殺した学生の下着のように
そのうちそれさえどうでもよくなる
目先の錯乱の中を
寂滅のうたが流れる

三男の覚と四男の友春（ともはる）は揃って無口だが性格はまるっきり反対で覚は暗く友春は明

るい。
覚はいつでも俺を気にしていて友春は無視している。土方をやりながら覚は詩を書き友春は暴走族に入りやっかい者に好んでなっていった。覚は蒸発し友春は結婚して一児の親になった。走る人間はどこへ走るか考え、走られる人間はどこを守るか考えている。

けなされると単純に頭にくるが
ほめられると複雑に嬉しい
まとわりつけた鋭角な未来も
いつしかよくある昨日になってゆく
汚れた二十八年の過去を
今すぐ叩き潰してやろうか
ああ創らず動かず語らず
寂滅のうたが流れる

生者は必滅するが、そのプロセスにおいてあらゆる精神の営みは寂滅の匂いがする。

止まっているつもりの兄も、逃げたつもりの覚も、走りくるつもりの友春も、その性格に比例したスピードで確実に滅ぶ。

カラマーゾフの兄弟とはよくもまあ言ったもんだ。俺達兄弟は俺達しか居ないのに「オレタチ」とはどうしても言えないのだ。肉親のことをこうして書いたり歌ったりしなければいれない俺もまた、寂滅の徒には違いない。

覚

　肉親は、頭の内のとんでもない所に立っていて、追えば追ったで逃げて行くし、突き放すかのようにこちらが走り出せば走り出したで、どこまでも追っかけて来る。

　肉親をまた「生地」と置き換えても同じだ。結局のところ、思い出すスピードの何百倍もの重さでうたい潰すしかないように思う。あとは「ざれうた」として記憶するのだ。

　弟の覚が二回目の蒸発をしてからまる一年経った。

　蒸発する三カ月前に、今までの放縦、放浪の生活から足を洗うからと言って川崎のオレと同じアパートに部屋を借りて、近くの建材店に勤め始めたばかりだった。

　無口なうえに流れてばっかり歩いてる覚に友達は一人も居なかった。

　放浪は高校を出てすぐ始まった。家に居るようにとの父母の説得をきかず北海道へ家出した。高校時代に歩いて一度北海道へ行っており、その時寄った牧場へ向ったのだった。

　高校時代に行った時は金が無く、船に乗れないので港の近くで海に石を投げ入れる仕事で二、三日稼いでから渡ったらしい。生き方の頓馬さは最初からあった。函館の警察に補導されたのである。警察からの通報で父母が行き、強引さに折れ、無事牧場への就職が決まったのだった。最初から一年という約束だったらしい。それから千葉の牧場へ行き、それから葉書を貰った所は四国の愛媛県からだった。

　その頃オレは能代で恩師の加藤先生の家の別棟にただで住まわせて貰いながら、魚問屋へ勤め、中学校のバスケットボールのコーチをしていた。バスケットチームの青写真を日夜頭の中に描きながら燃えていた。が、所詮部外者で、我の強いオレには無理だったようだ。

　ユメ破れいよいよという気持でカバンに衣類とノートを詰め上京した。飯場での夜、どこから発してるか判然としない切迫感に眠れない日が多かった。飯場の風呂場で、感情の為すまま詩をぶつけるように書いた。ローソクが窓からの風にチロチロするのが哀しくて仕様がなかった。その当時のノートを最近開いてみた。

嵐の夜

嵐の夜
ローソクの炎を瞼に灯しながら
外に気を張ると
地平線でゴウゴロ鳴る
幻聴だろうと耳ガンバレするが
耳じゃなく軀がゴウゴロを聴いているのだった
寂々なオレの肉の奥深く響き渡るそれを
風にこすれてなく
山川草木や堕ちゆく人間の呻きのように聴き
やがて畳に死んだように伏すのだが
湿った畳の臭いがまた
古い歴史の刹那の芽ででもあるかのように
また嵐を知らすのだ
ローソクを消し

瞼をひっぱがし
水のような無に飛び込もうとするのだが
さて
そこでもまたゴウゴロは鳴っていた

飯場生活をやめ、川崎へアパートを借りた。覚も四国から来た。今から六年前、覚が二十一、オレが二十四だった。二人で朝早く原っぱへ行きそこからマイクロバスに乗って工事現場へ行った。日雇いだからきつかったら次の日はもう違うマイクロバスに乗った。

仕事を終え、一列に並んで金を貰い、アパートへ帰って来て安酒をあびるほど呑んでゴロンと寝、また同じ朝だ。冷蔵庫もフトンも何も無かった。雨の降った日はどちらかが喫茶店へ行き夫々(それぞれ)本を読んだり詩を書いたりした。誰からもどこからもはね返りのない生活と詩を抱え途方にくれ、酒を呑んでは荒れていた。自分の視点も生きる基盤も何も定まらぬまま覚を叱り殴りつけていた。否、意のままにいかぬ自分への不満を酒の力を借りて覚へ投げつけていた。そういう夜を何日も続け、覚はアパートを出て行った。一回目の蒸発だった。

先日、二回目の蒸発をしてからの覚の部屋を開けてみた。乱雑に本が散らかり、ダンボール箱一個にノートと原稿用紙に書かれた詩篇があった。『槿花』という同人誌を一緒にやっている藤田氏とそれに手をつけ、今度無断だが載せることにした。ノートというノートには、淋しいジュグジュグとした言葉が何百も何千も書かれていた。初めて覚のことを思ったような気がした。そういう風にしてしか生きられない覚を情けないやら愛しいやらで、哀しくなり藤田氏もオレも何も言わずに何時間も過ごした。今またどこかの飯場で軀中を夥しい淋しい言葉で這わせ、どうする術もなく酒を流し込んでいるだろう覚。猫なで声で済まされる他人の中にあって殴り合ったところで判り合えない兄弟はそれでも他より己に近いのかもしれない。

命は棒に振るためにあると言った人が居たけど、覚！ どうせ人生、そのままでもそのままじゃなくてもいい。

冬。寒。元気か。

「覚（さとる）」オメデトウ

私の本名は及位典司（のぞきてんじ）で及位覚（のぞきさとる）は私の実弟である。

農家の男ばかり四人兄弟の二男が私で、それより三歳下の三男坊が覚である。（長兄の一清と末弟の友春は秋田の田舎で、町工場と農機具店にそれぞれ職を得ている。）

覚は徒手空拳にその生を歩み、最後は大阪と和歌山を結ぶ阪和（はんわ）線の富木（とのき）駅南一番踏切りにて上りの回送列車にその身を委ね三十一年の生涯を閉じた。

今から四年前の十月三十日の夜十時の出来事である。

その夜私はあるコンサートのゲストに招かれ、明大前にある「キッド・アイラック・ホール」というところで歌っていた。

コンサートが終わり打ち上げを近くの酒場で翌朝の三時頃までやり、タクシーでその当時住んでいた鶴見区の矢向まで帰り、二時間ほど仮眠して土方へ出掛けた。

立ちんぼ仕事がなかなかなく仕方なくある会社を通して仕事を貰っていたので、それを突然断ることや休むことは、自分で自分の首を絞めることであったからである。

まして三十一日は月末の給料支払い日で尚更休むわけにはいかなかった。

覚の死を知らされたのは、尾久の建築現場から給料を貰いに蒲田の社長宅へ行こうと品川駅へ降り、自宅へ電話をした時であった。

妻が、「覚さんらしい人が大阪で亡くなったと警察から実家に問い合わせの電話があったそうよ」

「らしいとはどういうことだ」

「よくは判らないんだけど、働いていたところに書いてある住所は、実家の秋田県山本郡八竜町川尻とあるらしいんだけど名前がおいさとるになっているって言うの」

「それはさとるだよ」

及位という姓は「おおい」とよく呼び間違えられ「のぞきです」と答えると、何度も訊き返され、面倒臭くて私は友川を名乗り、いつの間にか飯場とかアパートへ入る時など覚は「おおい」を使っていたのである。

アパートを借りる時は郵便物があるせいか「及位」と書いて「おおい」と読ませ、飯場の時は簡単に「大井」である。

実家へ電話をしたら母が出た。

いつもは気丈な母が弱い観念した声で「明日大阪さ行ぐつもりだ、父(と)っちゃど二人、友春に連れで行って貰うがら」

「気いしっかり持で、オレも行ぐがら」

その夜の苦いザラザラした酒の味を私は生涯忘れることはない。

駆けつけて一緒に呑んでくれたのは、歌手で詩人の三上寛氏、ねぷた絵師鈴木秀次氏、私のバスケットボールの後輩小野秀二君、母方の実家で一緒に私と育ったいとこの児玉茂君等であった。

ことに三上寛氏は、放浪ばかりしていて友人も何も居なかった覚のただ一人の人生における師と呼べる人であった。

私と同じアパートに一時期部屋を借り、日々悶々と暮らす覚の顔は、取りも直さず私そのものでもあった。

照れ臭そうに覚は何度か「これ昨日書いたんだけど」と私の前に詩篇を差し出すのだが、ひねもす酔気の私は「他人(ひと)のなんか見たくもない」と突き返すのが常であった。

私自身の心の狭さであり、肉親であるが故の哀号である。

そういう覚に、その当時よく私のところへ遊びに来てくれていた三上寛氏はある時

「どれ見へれじゃ」と声をかけてくれ「おおなかなかええな、しかしここをこうすれば、こっちがもっと生きてくるな」と言い、胸から白い万年筆を取り出し「覚、これ使えじぁ」と、優しくしてくれたのである。

私はありがたいと思い、まるでまさに理想の兄弟を見るようなほほえましい気分に浸ったのであるが、同時に自分の失格もまた認めさせられたのである。

またある時は新橋の酒場でコンサートの打ち上げがあり、ふだんはおとなしい覚が坂口安吾の話である舞踏家と言い争いになり、そのきれいに剃った相手の頭にコップで酒をかけ大騒ぎになった。

私が覚を叱ってどうにかその場はおさまったが、シュンとなった覚を三上寛氏は「覚、オレが送って行くよ」と、タクシーで川崎まで送り届けてくれたこともある。タクシーの背を見ながら私はまたまた祈るような切ない気持になったのであった。

一睡もせず翌朝羽田空港に着いたら、父母と弟はもう着いていた。

三人とも疲れ切った表情であるが、眼光だけは鋭く光っていた。

「何と、みんな家に居れって言うけど、何としてもこの目で確かめねうぢはな」と母が自分に言いきかせるように呟いた。

私とて同じである。

私の前から姿を消してから四年、深夜にたった一度電話があったきりである。

「兄貴、オレは何もダメでないべ、オレ本当は兄貴を好きなんよ」

酔った時の覚のクセで、自分も他人もちゃかすのである。

ちゃかしたところで自分の裡にある魔物のように蠢くやりきれない闇を払拭できないことぐらいは知っているのである。

酔いがさめたらまたそいつと差し向かわなければならないのである。

そいつを認めて飼ってしまった者の宿命である。

「馬鹿け、自分をダメでないっていうのがすでにダメなんだよ」と、私は電話口で叫んでしまうのが精一杯であった。

十円玉でかけていたのであろう電話はすぐに切れてしまった。

それが覚との最後の会話である。

大阪空港には叔父の児玉準治さんが迎えてくれた。

すでに警察の方、飯場の方も斎場の方も奥さんと二人で足を運んでいてくれて、私達は急ぎ、ドライアイスを入れて安置されている斎場へ向かった。

車から降りるのももどかしく駆け込むと、花が飾られ線香けむる中に柩があった。

叔父さんは父母に気遣ってか、見なくてもいいんでは、という風に私にまず見るように促した。

母は「見ねば信用できね」と、私のあとをついて来た。

「覚」であった。

顔は半分しかなく眼球も飛び出していたが、ほっぺたと鼻と唇で確かに「覚」だと判った。

首から下の方はあまりにもバラバラでつなぎ合わせることもままならず、拾い集められたまま詰められていた。

みんなで泣いた。

母は今産みおとした赤子をあやすように「よしよし、よしよし」と何度も頬をさすり、覚をずっと慕っていた弟の友春は目を真赤にしながら口に酒を含み口移しに覚へそれを浸していた。

ガンコで生前覚を叱ることしかできなかった父はハンケチをずっと目頭にあて低い声で「覚、覚」と何度も、何度も呼び続けていた。

母が「覚、オラ方(がた)来たがらもう安心して逝げ、何も心配すな」と言った。

やがてゴオウという炎の音がし、「覚」は旅立った。

あれから四年になる。

私のところから居なくなるまでの持ち物、書籍やら詩の書かれたノートは部屋に残されていたが、居なくなってから死ぬまでの四年間はまったく空白のままである。田舎の秋田は八竜の実家で葬式が無事終わったあと、ふたたび私はその四年間の空白の糸口を知りたくて一人で大阪に行ったのだが、飯場へは西成（にしなり）地区から手配師の車でやって来た、という以外何ひとつ判らなかった。飯場には文庫本十数冊と少しの衣類と、中島みゆきの『寒水魚』というLPが残されているだけだった。飯場へ来てから三カ月間よく行動を共にしていたというお二方とも焼肉を食いながら呑んだが、それ以前の足跡はまったく判らなかった。

ただ、飯場へ来た当初、紙っ切れに何かを盛んに書いているのを何度か見たが、それも飯炊きのおばさんに掃除の時、何かの拍子に燃やされてからは、やめたらしい。毎日、仕事を終えて風呂へ入り親方から三千円を前借し、線路沿いの暗いたんぼ道を歩いて三十分かかるところにあるパチンコ店へ出掛け、あとは安酒屋で呑んで帰って来る日々であったらしい。

無口で誰ともあまり口をきかなかったらしい。

死んだ日は、何故か風呂も入らず地下足袋のまま一人で出掛けたらしい。

父母達とその現場へ私が最初に行ったのは死んでから三日目であったが、現場はまだ、生々しく存在していた。

枕木には血のりがべっとりつき頭髪が風に揺れていた。

石ころの上には死ぬ前食べたのであろうラーメンがひからびて散乱していた。

警察から三人、病院から医師と看護婦が七人来て、三分間で処理されたらしい。

ふたたび大阪を訪ねた帰路、新幹線の中で「覚」の残していったノートを開いてみた。

ノートというノートには、言いようのない己が生へのたたかいの言葉が綿々と書きつらぬかれてあった。

どれもこれも淋しく哀しく切なく、それだけに一層そのたたかいの苦しさを物語っていた。

穴に落ちた、と言えばそれまでだろうが、覚自身、その穴で体を火柱のように熱くよじりながら自爆覚悟で、新しい自己を獲得するための必死のたたかいを挑んでいたのである。

「覚」にとって私などは、役立たずの単なる他者だったのである。

情に勝手に絡まれ、力づくだけの兄のつまらない場所をこれみよがしに演じていたにすぎないのである。

「覚」が死んだ年の暮れ、新宿の行きつけのママの伊沢暁子さんが「覚さんの追悼コンサートやろう」と声をかけてくれ、三上寛氏と私がコンサートをやり、狭い店にもかかわらず五十人もの人が集ってくれた。

「覚」の遺影の横には鈴木秀次氏が描いてくれた絵が飾られ、コンサートが終わって間もなく、私の敬愛する歌人で僧侶でもある福島泰樹さんが横に来られて、私に「お経あげさせてください」と言い、膝を畳んで遺影に向かって低い声で静かに丁寧にお経をあげてくれた。

それから何カ月かしたある日、私が日本で最も尊敬するミュージシャンでドラマーの石塚俊明氏が「サトル」という曲を作曲してくれて、あるステージで演奏してくれた。

感性の鋭い石塚俊明氏は覚とそれまで何度か会っていてその心根を汲み取っていたのであろう。

その曲は実におだやかで深々とした名曲で大きな波のように何度もうねり逆巻くのであった。

「覚」の死と向き合った時よりも尚一層、その覚の本体の何たるかを心底思い知らされたような気がした。

最近その曲に福島泰樹さんが「サトル」という短歌を創作してくれ、私にとって生きている時よりも精神的により身近なものになった気さえする。

こういう立派な詩集にしていただくことには私自体、様々のためらいも私念もあった。「覚」のものであり、私のものではないからである。訣別された者の未練にも思えるからである。

矢立出版の矢立丈夫さんから「弟さんの詩を一度見せて下さい」と言われた時も、また一通り見ていただいて「友川さんのよりいいですよ、うちでやらせてください」と言って下さった時も、である。

しかしこうして出していただくことはやはり兄としての覚への最後の甘えである。

詩人の永岩孝英さんには、「覚」の判読しがたい文章の書き写しから編集まで本当に労をおかけした。

大事な詩を二人で選ぶ間も、ただ私はどうしようもなく酔っぱらって眠り呆けていただけである。ここに編んだ詩は、覚が高校を卒業した昭和四十五年頃から昭和五十三年頃までの約八年間にわたって書かれた詩篇一〇〇篇余りから抜粋して編ませていただいた。

文を寄せていただいた三上寛氏、福島泰樹氏にはこの場をお借りしてお礼の言葉を述べさせてください。

本当にありがとう。

覚の詩に光を当ててくれた矢立丈夫さん、装丁の中里絵魯洲さん本当にありがとう。

覚、眠れ。よくやったな、魂のエキスが人そのものを打ち負かすサマをそこから見ていてくれ。

オレは相変らずだ、自惚れの鼻っ先をあっちこっちでへし折られてはいるが、まだまだ行けるぞ。

人生も詩も、たった一人の人間の為だけのものなのであるが、それが時々、何らかの形で多くの他人のものになったりならなかったりするだけのことなんだよ。より自分を獲得するためのたたかいでなければそれとて無意味なのだよ。

なあ、覚。

お前が裡なる寒さに凍えながらも歯をくいしばりながら死ぬ気で産みおとしたお前の詩篇らは今オレの腕の中にしっかりとあるぞ。

安心せい。

安心して、眠れ。

無残の美

詩篇 I

朝の骨

起立する朝の骨の中で村が眠る
熱病の神々の弔祭の鐘に声で歯向かう
雨は自信に濡れて輝き
木は個に溢れていた

誰もがすべすべした胸で立ち
揺れ
苦しみ
ちぢれ
呪い
痛がり

生きてきた
そのとおりあった

音こそなかったが意味であり
力感こそなかったが晴れがましくあった
欲望する方向へ記憶の火は燃えさかり
背後で空気はうねった

日常は時間の糸クズの修正に殴られ
親は親に挑み
子は子を殺した

ざわめいているのは町もオレも一緒だ
告白して告白されて告白する
復讐して復讐されて復讐する
それが弧を描いて消費される時

骨は目覚め
村は疼いた

石も棒も持たぬ断念のような自己の林立
空間の疾患
暗算のように漂う犬猫の失態
青空の無残
どこまでもまっすぐな白い道のりの恐怖
少女らの隠悪の種子
木の孤独
ニセの平和の立ち往生
時流のスタイルのずぼらな選択
批判として解体し続けるアナーキズム
それらをこめかみに当て失速しうろたえる時
歴史に色滲む時

誰もが
今に
じゃなく
今すぐ判りたくなるのだ

その時
夫々の肉体の原野で骨は
緊張し
軋み
砕け散る

おとうと

匂いで脹らんだ耳を
海の方へ向け
明日の言い訳を
犬のように想像する
おとうと

闇から闇へしか届かない
拍手の渦を葬るために生き
個々の幸福の機微を泣きながら生き
体験する長い沈黙に黒い寓話を吐く
おとうと

死に敏感な生さえ手放さなければ
それでいいのだ

イラクの水には慣れたか

浮浪人の早すぎた自認
咲くを知らずに散らんとするその花の名を
絶望的に弾んだ声で言おうか
おとうと

誰もが死を承知之助の船出なのだ
カラカラ愉しく行けばいい
春はぽんぽこ
夏はのんだくれ
秋はへべれけ

冬はぽつねん
すべからくはセイシンの波風の流転だ

川崎には美味い酒がある
冬だって何だっていい
顔面を突き破る程の恥があるならもっともだ
散ることはない

敬虔な闘志を自慰する軀なんぞ持ちあげ
血しぶきの日常とは思いあがりだ

詩死た暗い春に早く布をいちまい
寂しさに紛れて寂しがるなんぞ二流だぞ
おとうと
死はあるか

死よりも近く
生はあるか

借金

困ってます
と金策に行ったら
困ります
と断られた

次に
困ります
と金策に行ったら
困ってます
と断られた

他人の確立

人と
人が
出会うんだから
何かが起きて
あたりまえだ

人と
人が
起こすことだから
面白くなって
あたりまえだ

人と
人が
面白くなるんだから
長引いて
あたりまえだ

人と
人が
長引くんだから
古くなって
あたりまえだ

人と
人が
古くなるんだから

何かが死んで
あたりまえだ
人と人が
人と
人が人と
人を
愉しんじゃったり
殺しちゃったり
嘆いちゃったり
その関係の裂け目に嵌っちゃったりして
何と
ものの哀れの希望の足腰の忙しいことよ
他人さんの
お調子に合わせて舞う

木の葉の肉の浅ましいことよ

人と
人が
出会うんだから
他人らしくなって
あたりまえだ
人と
人が
他人らしくなるんだから
どうでもなって
あたりまえだ

故郷に参加しない者

血の付いた箸を置くように
ぽとりとこちら側に故郷がある
肯定も否定もなく魅惑もなく
ただ物語の終末としての微笑がある

結論はどこまでもぼやけて行き
手遅れて
問いも
時も
淀んでいる

忍従の隠れ蓑へつんのめる帰路
彼は寝とぼけていた
吹き来る風の硬さに首が赤くただれていた

オレはオレへ急ぎ
彼は彼へ帰った

重立って地の輪郭を担った人々の殺意は
木石の闇をいくつも越え妖しく舞い
あまねく関係の皮膚を喰らいその脳を吐いた
横たわる若い死を揺すった
言った

あっちこっちの故郷が遍歴を過信し美談する
その時
ウタが

叫びに近づいて行くのではなく
叫びが
ウタに似て行くのだ
異国の
嵐の馬上を
こよなく凍え震えて行くのだ

故郷に参加しない者としての故郷
いかつくその背の哀れを問う
へなちょこなその内臓の甘美な死を憎む
放置された死の束の黄色い光を切る

血の付いた箸を置くように
ぽとりとこちら側に故郷がある
肯定も否定もなく魅惑もなく
ただ物語の終末としての微笑がある

みてごらん
みんな死んでしまったから
あんなにキラキラと
夜明けは神器のようにまばゆい

IV

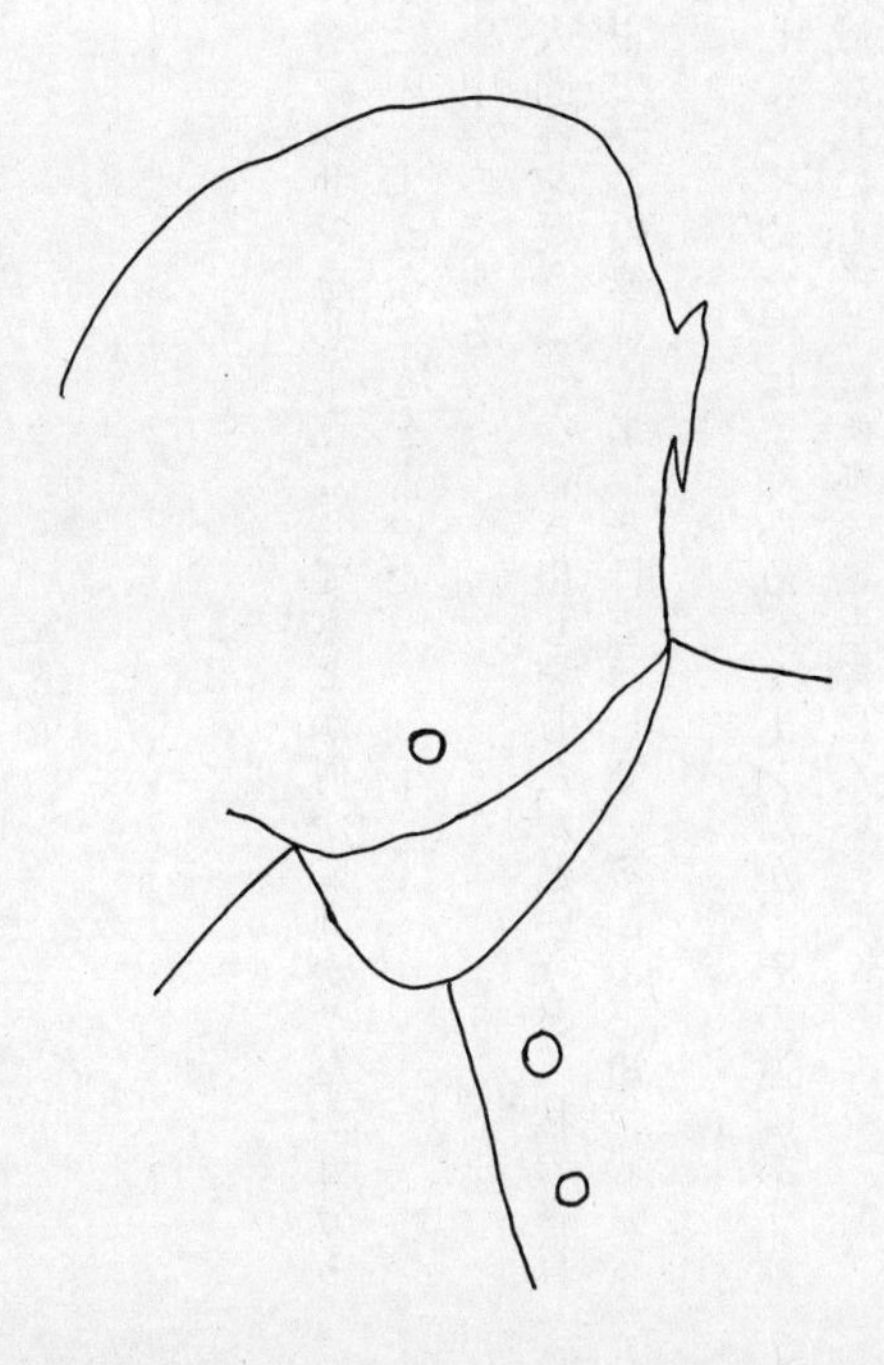

デッサンを始めました

この連載のいつかの号に、デッサンをしようとして木とか何かに向かったが五分ももたずにやめてしまった、というようなことを書いた。が、今は実はデッサンに夢中なのである。

何故このような、自分の人間性を疑うような書き出しをしたかというと、私の青森の友人で一級建築士の山谷正史がこの連載にずっと目を通していることを知っているからである。

「夢中」からあきるか何かして「やめた」はよくあるパターンだが、その逆はあまり聞かないし、いかにいい加減な私にもそう度々あることではない。

前号まで三回にわたって書いた洲之内徹さんの影響というか、その本を読んでいる間中ずっとそう思い、いざデッサンをやり始めたら今度はやみつきになってしまった、

私の上司

というところが本当のところである。

かといって、その本の中にくどくどと、デッサンをやれ、と書いているのでもないし、まして洲之内さんに直接デッサンのことを言われたこともないのである。

料理を作るのも私は好きだが、その過程でも特にダシをとっている時のワクワクする緊張がたまらなく好きである。

丁度デッサンにもそれと似た感情を突然思ってしまったのである。

で、出来ばえは、というとまだまだダメである。

すでに一月の銀座の個展にも十点ほどデッサンを出品し、買っていただいたものもあり、申し訳なく思っているが、何せこれからである。

流されているのである。

線以前の形以前の思いをビタッとぶち込むことがまだできないのである。

デッサンをやる前は（と書くといっぱしに何十年もやってきたようで恥ずかしいが実際は何カ月である）気持に触れる人や木やいろんな物々はただただ感じていればいいんだと思っていたが、今はもうガマンができなくなり手帖に鉛筆ですぐ描くことにしている。

先日も行きつけの新宿のゴールデン街の「ばあまえだ」のトイレに入った時丁度そ

れであった。

小便がガマンできなくて入ったのだが、その便器についているキズというかスミがいたく気持をそそり、鉛筆を取り出し描いたのだった。

それをママに見せると、ギャハハと今にも涙をこぼさんばかりに笑い、それまで「よしカズキ明日お前の個展観に行くからな」と言っていたのが二度とそれを言わなくなった。

次の日ママは来なかった。

会場には「新宿の「ばあまえだ」のトイレのキズ」というデッサンも額に入れて飾ったのだが、さすがに売れ残った。

ここだけの話だが、ママはその日きっと一日中朝から便器をこすっていたのであろう。

デッサンを始めてからもう一つ、夢に昔の風景やら人が胸痛くよく出てくるようになった。

それまでも疲労の極みに達してフトンにもぐると、高校時代のバスケットボールのボールがまったく別の方向から物凄いスピードで二個飛んできたり、幼児の頃の自分が深夜のおしらさまの竹やぶの中でコビめしのおにぎりを食べていたりするユメを見てハッとして目をつむるのが恐ろしかったりしたが、それが情況とかイメージとしての淋しさとか恐さだったのが、今は寧ろそういうユメを見るのが面白くなって、今書いたようなユメであれば、そのボールの縫い目をしっかり記憶したくなったり、竹やぶのさらさらする音をずっといつまでも聴いていたくなったり、この頃はするようになったのである。

元来小心者の私としてはこれは大変化である。作品にしちゃえばいいんだと思うようになったから、より踏み込むようにもなり、そうすることによって恐くもなくなったようである。

こうして今書いていて思ったのだが、歌に関してはやはり同じような気持で対峙してきたような気がする。

私にとってやはり感情を通わせたものの死が一番恐い気がし、それをいつまでももたついたまま引きずるのが、さらにまたやりきれない思いがする。

歌でそれを晴らす、というようなことでもしなければ、私のようなごった煮の激しい気性のままでは一歩も次へ進めないようである。

弟の覚が死んだ時も、本当に心底参ってしまって、どうしたもんだろ、と思い「無残の美」という歌を創ったところ、実に気持が晴々としたのである。

雪霊伝説

私の内でさらに殺しなおした、というか、その関係性だけを生き生きと作品として記憶したというか、それまでめそめそと弟を思うと泣いていた自分が、作品の中では泣くが、日常歯をみがいていて思い出したりしては泣かなくなったのは事実である。

今、宇都宮で立松和平さんのご縁で「ギャラリーシエール」というところで個展(「友川かずき絵画展――詩人の絶叫」)をやらせてもらっているが、その隣に大きないちょうの木があり描きたくてしようがなくなった。

この原稿が終わり次第飛んで行って描こうと思っている。

あと秋田の八竜町の育った地にある、私にからみついて離れないナマイキな景色をそのあと描きに行こうと思っている。

借金はまだまだあるが何とかいけそうである。

一月の銀座は三十九点売れ、宇都宮も今二十点売れている。ありがたいと思う。

浜松が四月、銀座がもう一回六月、札幌が十一月。

幸い、洲之内さんのおかげで、今私には描きたいものが、あめあられ、に湧いてきた。

洲之内徹さんのこと

ここのところ半年ばかり会う人ごとに洲之内徹さんの本を薦めて歩いていた。本のタイトルは『絵のなかの散歩』『セザンヌの塗り残し』『気まぐれ美術館』『帰りたい風景』『人魚を見た人』『さらば気まぐれ美術館』で、いずれも新潮社から刊行されたものである。

ほかに小説全集二巻が白川書院から出ている。

その洲之内徹さんが十月二十八日の午後亡くなられた。

新聞には脳コウソクと書かれていたが訃報の第一報を下さったヨシダ・ヨシエさんの話だと全身がすでにガンにやられていたらしい。

血を吐いて病院に運ばれ精密検査をしようとしていた矢先の死であったらしい。七十四歳であった。

洲之内さんと初めてお会いしたのは今から三年前の一月である。

私の初めての水彩画展が銀座の今はなき画廊で開催され、その個展の立案者であり、私の絵における恩人でもある美術評論家のヨシダ・ヨシエさんから「お前さんにぜひ紹介したい人が居る」と言ってその画廊で紹介していただいたのが洲之内徹さんであった。

小柄で初老で眼差しの深い存在感の大きな人、というのが第一印象であった。

五十点ばかり飾ってあった絵を一通り観てくれ「兎がいいですね」、とその時十点ばかりあった兎の絵をほめてくれた。

その時、『芸術新潮』に美術評論を書いている洲之内さん、と紹介されたのでてっきり私は美術評論家だとばかり思っていたら、実は私の個展をやっていた画廊の一階下の階で「現代画廊」という画廊をやっている画廊主なのであった。

あとから洲之内さんの本を読んで判ったことだが「現代画廊」は初め『肉体の門』の作家田村泰次郎氏が経営していて、その当時芥川賞候補の新進作家であり田村氏の戦友でもあった洲之内さんがそこを手伝っていてのちにそこをそのまま引き継いで画廊主になったらしい。

その昔、画家を志す画学生であったことやいろんな人や絵を通しての処世観はいずれも冒頭にあげた本の中に盛り沢山書かれているのでぜひともそちらをお読みいただきたい。

お会いして二、三日して洲之内さんから、ちょっとお話を伺いたい、というので行ったら洲之内さんが長年にわたって連載している『芸術新潮』の「気まぐれ美術館」に私を取り上げてくれる、ということでそのインタビューであった。

画家でもない私が銀座で個展を開く、というだけでも充分悪のりの感が否めないのに、今度は美術の専門誌に載る、という。そしてこれもあとで判ったことだが『芸術新潮』を買う人の大半は洲之内さんの連載を読みたくて買っているらしい、のである。

そのことは弘前大学の村上善男先生から二度聞いたのであるが、それからそののちお会いした画家や美術関係の人達も『芸術新潮』の話題になると皆一様にそういうのであった。

村上先生から二度聞いた、と書いたが、実は村上先生とは青森の「だびよん劇場」での私のコンサートで一度、それから今年秋田での私の個展で一度、と二回しかお会いしていないのである。

二度とも村上先生は熱心にそれを言い、そして「友川さん洲之内さんの画廊で個展をやった方がいいですよ、いややるべきですよ」、と言ってくれるのであった。

村上先生は『松本竣介とその友人たち』(新潮社刊)の著者である。

いずれにしても、私の絵がヘタクソなのに変わりはないのであるが、『芸術新潮』に載ったあとの個展は大盛況であった。

テレビに出演したすぐあとのコンサートは入りがいい、というようなものかもしれない。

もう一つ、私が知り合った画家のほとんどはかならずといっていいほど『芸術新潮』なり洲之内さんの本に目を通している、ということであった。

別に本を読んでないからといって何も恥ずかしいことでもないのだが、いい本があるのにずっと出会えずにきてしまったということはやはり残念なことではある。

洲之内さんの本を読みながらずうっと私は、何故もっと早く出会えなかったんだろう、と口惜しい思いばかりしていた。

読破したあと目からそれこそウロコが何枚も何枚も落ちてゆく気がした。

白洲正子氏にかの小林秀雄が「洲之内って人は今一番の批評家だね」、と言ったことが素直に判る。

『芸術新潮』の記事が縁で知り合った人に新井豊さんという人が居る。

やはり洲之内さんの心酔者で荒く言わせてもらえば絵のキチガイである。

秋

絵描きではなくてコレクターである。

私の絵も今まで二十点ばかり買っていただいている。

酒もタバコもやらない新井さんの愉しみは絵に出会うことであるらしい。

個展の時はいつもトップに見えられ一枚一枚ジィーッと観てくれ、そのあとも何回となく足を運んでくれるのである。

私も絵は描くのも観るのも好きな方だと思っているが、新井さんには足許にも及ばないのである。

本職は板前さんであるが奥さんともどもその日常は絵で始まって絵で終わる、というくらいすさまじいものであるらしい。

私の絵も買うと絵だけ持ち帰り額は特別注文で専門家に作らせているのである。

洲之内さんが亡くなったとヨシダさんから電話をいただいたあとすぐ新井さんに電話をすると、「エッ」と言ったきりしばらく声も出ないようであった。

私が死んで洲之内さんを生かすことがもしできるならば、そうしたいと思っているのである。

何を少女っぽいことを言う、と怒鳴られそうだが、ここ半年ばかり私の気持はまっすぐ洲之内さんに向かっていたのである。

それでも一九八七年に限っていえば実際にお会いしたのは銀座での私の二回の個展に来てくれた時と、洲之内さんの経営する「現代画廊」へ私が訪ねて行った時との三度きりである。

洲之内さんと親しい新井豊さんや画家の緑川俊一さんとは会えば私は慕った恋情を吐露するごとく洲之内さんの話ばかりしていたのであるが、いざ会うとおかしなもんで、今度はその想いを見破られまいとしてついついとぼけた会い方になってしまうのであった。

個展に来てくれた時の一度はそのあと用事があるとかで絵だけをサァーと観て帰られ、もう一度は椅子に掛け一杯呑みながら、ということになったのはなったのだが、あいにく次から次と私の客人があり（まるで客人に対して迷惑がっているような言い回しであるが、私よりも画廊にとって客人が大事なことを熟知している洲之内さんが、まあまあどうぞどうぞ、と客人への応対を促すものだから）とぎれとぎれの会話しかできなかったのである。

もとより洲之内さんに対してできるまともな話など私にあろうはずもないのだが。焼酎のお湯割りを呑んでいただき一通り絵を観て椅子に坐ったところで恐る恐る私が、どうでしょうか、と向けると、いい絵でもまだ赤（売れた絵）のついてないのがありますね、と言われた。

どの絵でしょうか、と訊くと『南へ行く』というタイトルの自画像であった。

その個展でその絵は売れ残り内心私はほっとしたのである。

いつの日か洲之内さんの画廊で個展をやっていただく時（私一人の勝手な思い込み）その絵も飾ることがこれでできると考えたからである。

結局その絵は現在秋田の「ギャラリー光悦洞」を経営する小林信夫さんが所蔵している。

持って行かなければいいものを、秋田の個展でどうしても、これ洲之内徹さんがほめてくれた絵です、と言いたい一心で持って行ったところ、の結果、である。

というのは秋田の個展の際額は全部特注で小林さんが作ってくれ、売れ残った絵も額ごと送り返してくれその代り『南へ行く』ほか四点絵を差し上げたのである。

『南へ行く』は秋田でも売れなかったのだが額と絵を交換する際、小林さんが絵を選んだので、高価な額を三十点あまりもいただいた手前その絵はダメです、とはどうしても言えなかったのである。

いずれにしても洲之内さんが亡くなってしまった今、こんな繰り言なんか何の意味も持たないことだけは確かである。

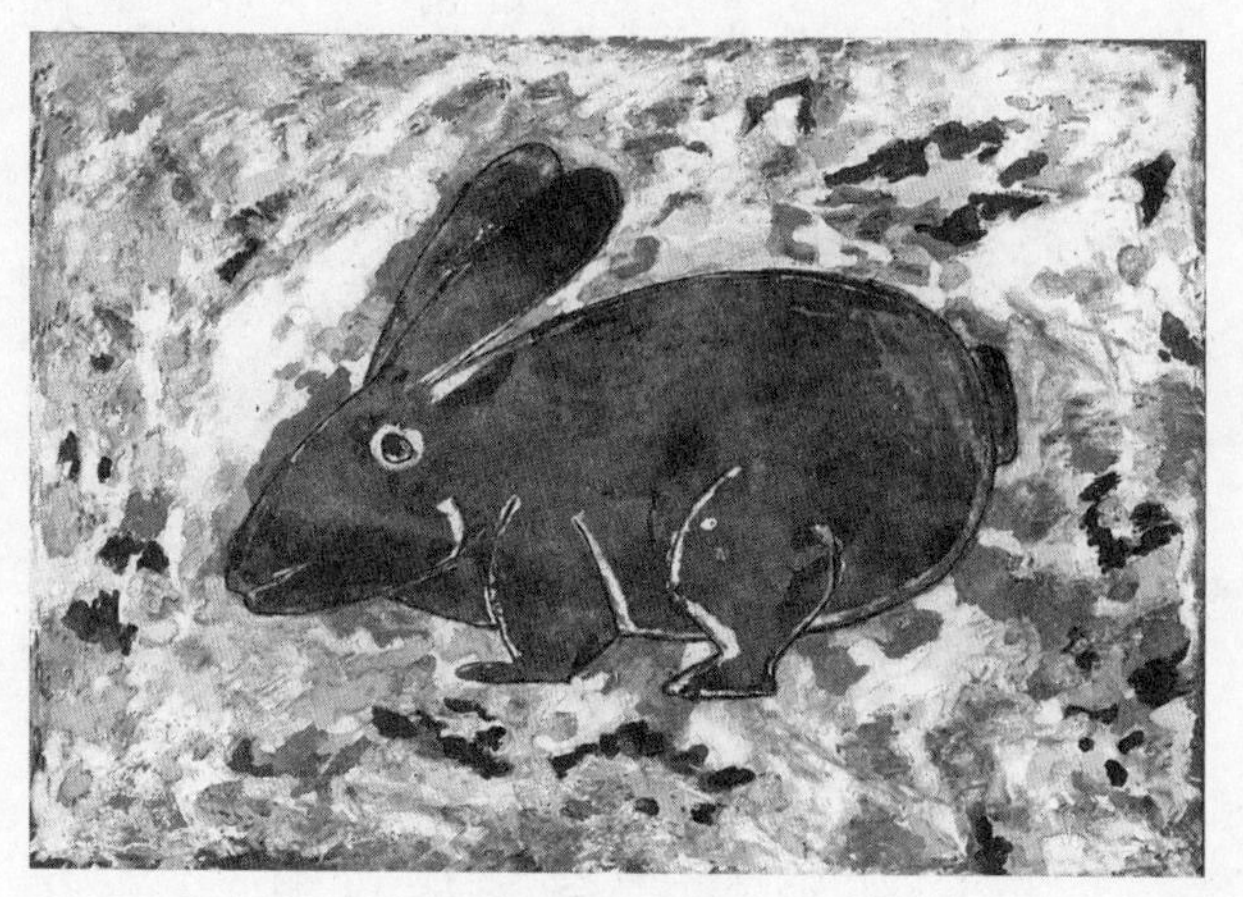

彼らから走った

あと一度「現代画廊」へ私が訪ねて行ったのは絵を買うためであった。私に絵を買えるような金の余裕などどこにもないのだがその絵だけはどうしても欲しくてローンで買うことにしたのである。

それは緑川俊一さんのダーマト鉛筆と水彩の絵でいつか『芸術新潮』に載っていた一連の『顔』シリーズの一枚である。

銀座での個展の場合、画廊でももちろん酒を呑んでいるが、午後七時に画廊が閉店になると居合わせた友人知人もろもろの人と必ず行く店があって、その時も五、六人でそこで呑んでいて突然「そうだあの絵を買いに行かなくちゃ」と思い、みんなにもそのことを話し、みんなで行ったのだった。

酔っ払ったいきおいで、失礼します、と入って行くと洲之内さんが椅子から立ち上がり、やあやあ、と応えてくれた、くらいしか今では覚えていない。

時間もそう長くはなかったのだが会話らしい会話をしていないのである。

洲之内さんが大丈夫な時は、大勢で行ったので今度は私が遠慮したのである。

一年に限らずともお会いしてから三年ばかりの間に会ったのは十回に満たないような気がする。

そしていつも今書いたような会い方しかできなかったのである。

渋谷の「ジァンジァン」の私のコンサートへも一度来てくれたのであるが終わったあと楽屋へ、いやあ感激しましたよ、と来て握手をしてくれたが、その次の号の『芸術新潮』へは、私（洲之内）が死んだ時は中島みゆきの歌を流してくれればいい、友川かずきじゃ浮かばれそうもない、と書いているのであった。

死から醒めるのは
死者であってはならない
硬い水にくるまれた
ユメのむくろであってはならない

光をかざして跳び出た子らに
花の舞台など要らねども
家々が黒く閉ざされなければいけない
理由などどこにもないはずだ
火は美しいが残酷で脆く
大地は偉大だが底なしの哀しみで人のそれに等しい

挨拶をふりまいてるうちに
水はその方向を見失い
人々のほこらしげな足どりは
群れなす灌木のように鳴ったぞ

夜の花が大きく揺れるのは
母の時代の落鳥の嘆きか
それとも父の筋肉のさみしさか
嵐は手をのばせばすぐそこにある
颪の夜には居るはずもない人さらう
颪の道は人さらいで満杯
人だけが人をさらう

（友川かずき「颪の深夜」より）

最新号の『芸術新潮』に生前親しかった評論家の白洲正子さんが洲之内徹さんへの

追悼を書いておられる。

実は突然思い出したのだが、「現代画廊」で酒をいただきながら洲之内さんにインタビューを受けてる時、洲之内さんがやおら立ち上がり受話器をつかみ誰かに向かって、ちょっと話させたい人が居るから、と私を呼び話させたのが白洲正子さんであった。

何を話したものやら今となっては酔いに埋もれて皆目見当もつかないのだが、あの洲之内さんに他人との会話中も思い出される白洲正子さんという人に、遅いも遅い今となってぼんくらな私は嫉妬をしているありさまである。

白洲さんは『芸術新潮』に「西行」を連載しておりその文章は読んでいるが、今もってそのお顔も存じ上げないのである。

告別式の日時と場所が新聞に載っていたので新井豊さんに電話すると「洲之内さんには「現代画廊」が一番似合っているから私はそちらでさよならしますよ」と言うので私もそうすることにした。

古めかしい手で開ける二重扉のエレベーターに乗るのももどかしく階段で三階まで上がると、洲之内さんがその命の火の大半を注いで続けてきた「現代画廊」があった。

入口に置いてあるノートに記帳していると前に何度かお目にかかったことのある佐藤さんという老婦人が「ああ友川さんわざわざどうも」と言ってくれた。

画廊に入ると、やはり洲之内さんが生前親しかった画家の松田正平さんの絵が壁いっぱいに飾られ、その奥の小さな棚に花が飾られその真ん中に横を向き煙草をくゆらしながら顔を上げて絵でも観ているのだろう洲之内さんの遺影があった。

その顔を見ている胸の内で（よくやったな）と私は呟いた。

同輩にかけるようなその言葉が自然に出たのもここ半年あまり狂ったように洲之内さんの本を読み、本の中の洲之内さんとはすでに大親友だったからである。

白洲さんの追悼の中に松田正平さんの言葉がある。

——お通夜の晩に、初めてお目にかかった松田正平さんは、初めて会った私の両肩をつかんで、「洲之内さんは、私の全部だった。全部だったのヨ」と悲痛な声で言われた。——

そう、ここ半年ばかりの間、洲之内さんは私の全部で、でもあった。

私の内にある、おごり、未熟、かいかぶり、等は洲之内さんの短文一本でこっぱみじんであった。

実は三年前お会いした時その著作は二冊サイン入りで頂戴したのであるが不勉強な私は、絵は観たり描いたりするだけでいい、と怠ける理由をつけて読まなかったのだが、半年前、私の個展を観に来てくれた洲之内さんが何人かとテーブルで話している間にうしろを振り向いたりして絵を観ている眼が、何ともこの世のものと思えないような眼をしていたので（ああばかやってる場合じゃないな）と思って（この人のを読まなくちゃ）と、思ったのだった。

その眼は、今まで出会ったことのないような、冷たい炎のような、恐いような、淋しいような、美しい眼であった。

遺影を見ていて込み上げるものがあり、佐藤老婦人にわずかばかりのものを渡し、そそくさと「現代画廊」を出た。

階段を降りながら、もう二度とこの階段を踏むこともないと思ったら急に悲しくなり、誰はばかることもなく嗚咽した。

たった十回ほどしか、それも擦れ違いざまの会い方しかしていない私にしてすでにこうなのであるから、日常的に会っていた方々の気持は、言葉にも何にもなるものではないだろうと思う。

白洲さんの追悼文が如実に語っている。

――洲之内さんが悪いと聞いた日から、私は「気まぐれ美術館」を読みつづけていた。私なんかがお見舞に行っても邪魔になるだけだし、せめてそうすることによって気を紛らわしたいと思ったからである。そして、亡くなった後もそれはつづいた。追悼文の依頼をうけてからは、必要上からも読みつづけたが、読めば読むほど面白くて止められない。しまいには原稿を書くのがいやになって、いまだに読みふけっている始末である。この魅力はいったいどこから来るのだろう。今、机の上に開いてあるページには、松本竣介の「画家の像」と、靉光の「梢のある自画像」が並んでいる。どんなことが書いてあるかといえば、松本竣介の文章が嫌いだということで、なぜ嫌いかといえば「『われわれ』『僕達』調だから」で、「短い感想を書いても、『われわれは人間を愛してゐる』とくる。こいつがたまらない」。なぜたまらないかといえば、「『われわれ』とは実在ではなく、ひとつの立場だと、私は思っている」からで、大画面の中央に突っ立って、いまにも演説をはじめそうな竣介の自画像にもそのいやらしさが現れているという。それに比べると、靉光の自画像には、「『われわれ』などというあやふやなものはひとかけらもない。代りに、ひとりの男の、言葉にはならない無限の想いだけがある。………これが芸術というものではないのか」。洲之内さん自身がマルクス主義の「われわれ調」にどっぷりつかった経験があるために、そのいやらしさが身に沁みているのであろう。何度洲之内さんに物の見かたを教わったことか。それは自分の生きかたを離れたところに芸術も文化もないということで、「気まぐれ美術館」も、現代画廊も、彼の飄々とした人生の表れに他ならなかった。——

眼をつむらないと見えないものがある

フトンの中のダッシュ

最近よく小さい頃のユメを見る。

暗然とした日が続いているからかもしれない。

と言うのも、実はもう二度とこんなことを言うのも書くのもしたくなかったのだが、ギックリ腰にまたなってしまったからだ。

ある作家が、長年の座ったままの仕事がたたり腰をやられた、と書いていたが、まあいわゆる職業病の一種であろうが、それが何故か私にはとても羨ましく思えたことがあった。

裏を返せば、軀をこわすほど長年売れていたということである。名誉なことですらある。

それにひきかえ私の場合はというと本職は歌手であるが、二十年近くうたってきて今もって、ポリープが喉にできたとかアゴがはずれてしまったとか、手がしびれてギターを弾けなくなってしまった、とかがないのである。

ようするにはっきり売れていないのである。

無名のままほそぼそとうたいつないできただけなのである。

まあ売れている歌手にしたところで、それは四六時中うたっているはずもなく、まして簡単にアゴがはずれたりしたらたまったものではないだろうが、スケジュールこなしでどこかにそれでも支障の一つもこようというところではあろう。

以前土方へ立ちんぼに行ってた頃はよくあっちこっちやられていた。

鉄板が足に落ちて足の爪がはがれたり、セメントを一日に百五十袋担いで腰がやられたり、釘を踏んでその傷が化膿したり、とかは日常茶飯事のことであった。

それも私が土方のプロであれば（土方のプロはこんなにヤワではないが）それはそれで名誉の負傷ということにでもなるのだろうが、アルバイトで一時しのぎのケガともなると文字通り、ふんだりけったりということになるのである。

ところが、である。

三月のとある朝（限りなく昼に近い朝）いつものように万年床に座り、向きを九十度変えコタツの板の上にある麦茶を呑もうとした矢先、腰が妙にピリリとした。

今までギックリ腰の勇名は人づてに聞いてはいたが、まさか自分がなろうとはツユ程も思ってはいなかったのである。

アタマは少しおさないがカラダは人並以上に立派な、少し不健全な男子であると自負していたからである。

診断は重傷、であるという。

何しろ行った時は痛くてベッドに座ることもままならず立ったままハリを打ったのである。

それからの三日間は地獄であった。

ギックリ腰になってから少しばかり他人を見る目が変わった。

ギックリ腰になったことのない人を見るとどことなくアオク見えるのである。

これで今年三月に初めてなってからもう三度目である。

十二月一月二月と宇都宮、東京、札幌と個展が続くため、絵に没頭しようとした矢先である。二度目のギックリ腰の調子もだいぶ良好でさあいよいよ創作に爆発するぞ、と思ったとたん腰のほうが爆発してしまった次第である。

実は絵にかかる少し前、生活費を少し稼いでおこうとビル清掃のバイトに出たのがまずかったようである。

今年だけですでに絵は百点以上売れているのであるが、個人ローンの人が多く、こちらもいつでもいいです、と言った手前ムリなことも言えず、突然思いついてバイトに出たのであるが、簡単な清掃と思って行ったところ何とそれが、ホテルや銀行やデパートでのモップから最後のワックスがけまでやる本格的なもので、当初のんびりサラサラやってやろうと思っていたところ、まるで戦争のような休みなしのモップ洗いでモップがけだったのである。

それでもまあ週に二、三度やればいいや、というぐらいで、あとは絵を描きためるぞ、と思っていたところへの、腰のドカン、である。

当然のごとくバイト代はハリ治療費でパアである。今更ビンボーなぞ知ったことじゃないが、それもやはり五体満足で言えることであったようだ。

長い間、何、金のことなら最後には土方をやればすむじゃないか、といつも思って生きてきたのであるが、フトンに寝ていてのビンボーはやはり精彩欠くことはなはだしいのである。チクチクする腰をフトンに横たえて窓から見る青空はやはり、やるせなさこの上もないのである。

小さい頃のユメを見るのはどういうことなのだろう、と考えてみた。神経が今にも切れそうになり、発狂するんではないだろうか、というような極度の疲労の時や、今回のようにブルーな気持の時にいつも続けて見ることを思うと、小さい頃のそこからふたたび歩き出したいという切ない願望が強いからではないだろうか、というところに行き着いた。

そりゃ小さい頃思い描いた将来なぞは、実に生活感のともなわない鳥のようなものであったからに違いない。

ユメから覚めてふう、と息をつきながら思い起こしてみると何故か、寒さと恐怖の場にしかいつも居ないことに気づいた。

小学生ぐらいの私が、家の前を流れる三種川に張った氷の上を渡っているのであるが、川の真ん中のあたりに来たところ、自分の服装が半ソデシャツに半ズボンの夏姿であることに気づき、ありゃ何やってんだオレは、と急いで引き返そうと思ったところ、ズブッと氷のやわらかいところに足がはまり、なかなかとれずに必死でやっていると、足がヌルヌルと急にあたたかくなり、ついで見廻すと氷はどこにもなく、私は泳いでいるのであった。

岸まで辿り着き、カブト虫のよく来た柳のところで訳判らぬまま息を入れていると

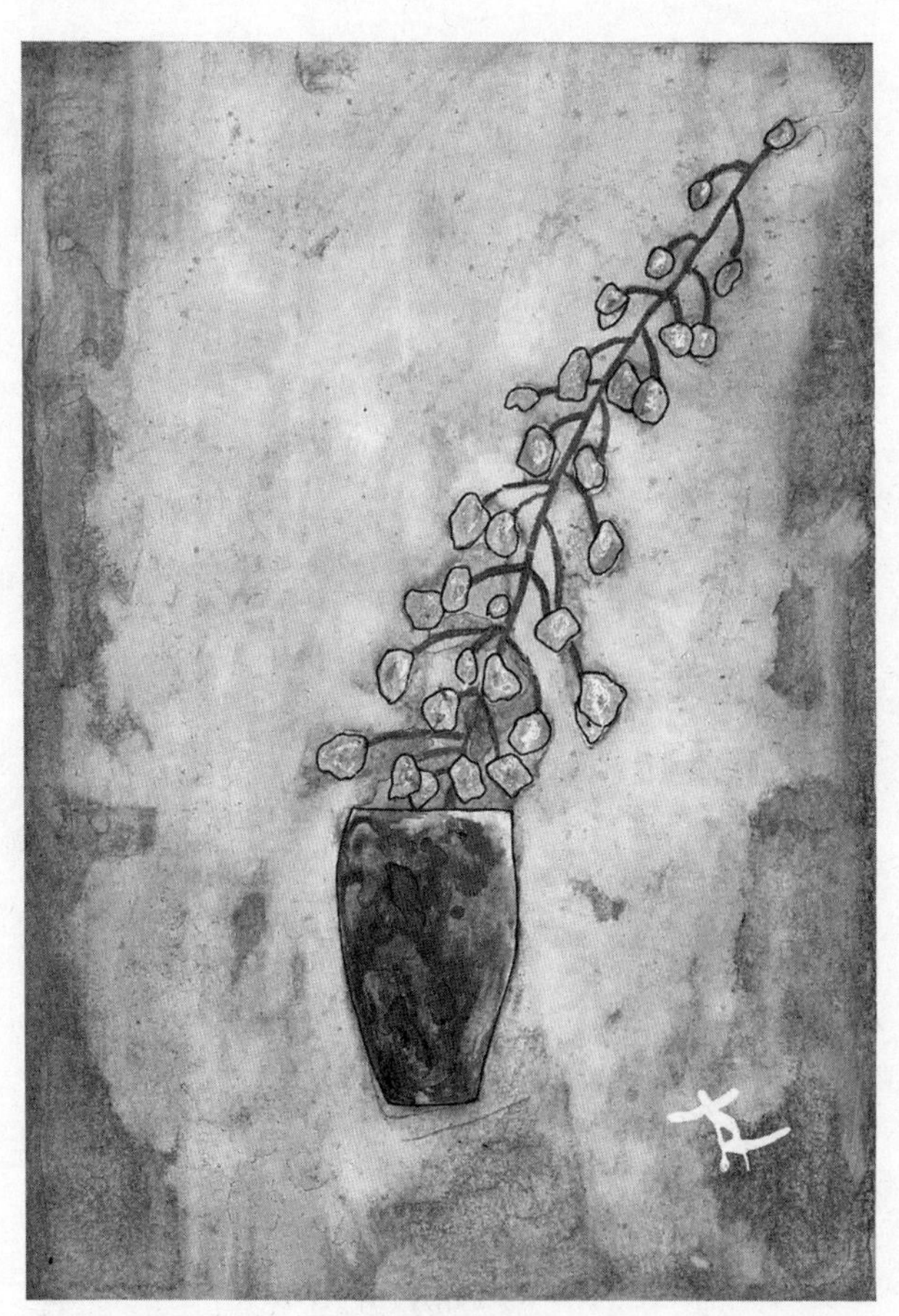

己が身に濡れて

背後で自転車の音がし、いつの間にか夜になっていて、自転車に乗っているのは幼児の私を乗せた祖父であった。

何故か気づかれるといけないような気がし、黙って気配を殺すように見ていると、突然その自転車は家の方角へ向かったまま空へ舞いあがり、家の上空を一回りしたあと隣の村長さんの林の中へ落下したので行ってみると、どこにも自転車も祖父も居ないので、ほおう凄い死に方もあるもんだなあ、と思ったら急に悲しくなり、どうしたんだべ、どうしたんだべ、とボソボソ言ったとたん涙が出て、目覚めたのであった。目が濡れていて、涙だけが、とんでもないユメの証しであり、つたない私自身の「悲劇の解読」の点でもあるのかもしれない。

あと一週間ほどでどうせ暗然サマともお別れし、暴れるつもりである。腰さえ治ればビンボーだってユメだって何ぼでもメドがつくのである。

ハラがへったり涙が出るということは生きているということである。

高校を卒業して上京した時、易者にみてもらったら、あなたは三十代の後半に大病を患うから気をつけるように、とそういえば言われたことがある。ギックリ腰、と言えずに大病、と逃げたところに、さすが易者の限界がある（あたりまえです）。もっとも信じてもなかったからギックリ腰程度ですんだのかもしれない。

間村さんとクレー

どうしてそんなことを思ったのか、そして口にしたのか、どうにもこうにも判然としないことがある。

それは、私の行きつけの神楽坂の酒場「もー吉」でのことであるが、そこは間村俊一さんも常連で、よく顔を合わせていたので、その時は、私が本の装丁を頼みにいったのだったか、偶然居合わせたのかは、今となっては忘れてしまったが、気がつくと私の手に、彼が表紙絵を担当した『宮澤賢治』なる本があり、酒場では、本よりも酒や友が大事であるにもかかわらず、私は、その絵から目を離せなくなってしまったのである。

その時の絵は、この画集にも「友人」というタイトルで収められているが、その絵の、何を、どこを、そう思ったのか、間村さんに私は、パウル・クレーの話をした。

解体を予期して進行するクレーの絵と、物語に自らを潜ませるかに具現した間村さんの絵は、はなっから技法にしろ主題にしろ、違うのだが、なぜか、その絵を見ているうちに無性にパウル・クレーの話をしたくなったのである。

十年ぐらい前になるだろうか、有楽町の地下にある小さな画廊で『パウル・クレー展』が開催され、三日間通ったことがある。

わざわざ三回行ったのではなく、たまたま三日続けて銀座に行く用があったので、その都度のぞいたのであるが、普通だったら一度でもういいのだが、その前を通る時、寄らずに通り過ぎることがどうしてもできず、ついつい気がつくと、地下へ降りる階段をめざしていたのである。

どの絵もこの絵も、気に入っていると言えば、まったくそうなのだが、しかし、特別どの絵、と言うこともないのが、不明な言い廻しに思えるかもしれないが、一番気に入ったことである。

無礼をわきまえずに言うと、すべからくおしゃれなのである。

田舎者で俗人の私には、何ともそれが、喉ごしのいい酸素のように感じ、また私自身のどこをどう探したところで、みつかるはずもないそれを、味わい深く思ったのである。

間村さんの描いた表紙絵を見た時、クレーの話をしてみたくなったのはおよそ、そのようなことなのだが、ここまで書いてなお、何の論理性もなく、よけい判らなくなってしまったのだが、クレーの展覧会場に居た時、私のカラダに湧いたことと、間村さんの絵を初めて目にした時、私が捉えられてしまった気持が、均質であることは確かである。

この稿を書くこともあり、先日飯田橋にある彼の仕事場におじゃまし、件の絵をはじめ、画集に収録される絵の、原画を見せていただいた。

初期の作品群には、前述のようなことは感じなかったが、宮澤賢治に題材をとった作品には、やはり、と言うか、原画にはよりもっと強く、パウル・クレー、なるものを思わずには居られなかった。

間村さんには、クレー、クレー、と少しうるさいよ、と怒られそうだが、当時隆盛だった、きったはったの前衛には見向きもせず、オーソドックスな視覚をほんの少し、ずらすところから自我の解放を試みたクレーの才気が、間村さんの絵からも、自身からも、匂い立つように私は感ずるのである。

私が、熱心な宮澤賢治の読者でないからかも知れないし、また確かに描かせたのは、宮澤賢治には違いないだろうが、その絵の独自性は下敷の物語を脱出し、すでに新たな物語を孕まんとしているかに私には見えるのである。

原画を見に行く時、そう言えば間村さんとは何度もお会いし、その都度酒を酌み交わしているが、ろくすっぽ間村さん自身のことを知らないことに気付き、私なりに、いろいろ訊いてみたいこともあったのだが、原画を見ているうちに、そのことはおよそとるに足らないことのように思えてきて、やめた。

帰り際クツをはきながら、やはりスケベの私である。

間村さんに、何歳になるんですか、と素頓狂でバカな質問をしてしまった。めったなことで他人のトシなんぞ訊くもんじゃない。質問した私も、あまりのバカさに笑い、された間村さんも、心外、とばかりに笑った。私より、五歳下であった。

俗人故、その才気ばかりか、年齢にも、シットするハメになってしまった。

絵のこと腰のこと

絵を描くのが面白くてしょうがない。

それは私が、はなっから主題も制約もないところで、きわめて趣味的に関わっているからであろう。

齢五十五、さすがに、このトシになっては誰も、「絵でも描いてれば」、とは言ってはくれないが、今から十年程前、それこそ、朝から晩まで絵漬けの日々を何年間か送った。

全国あちこちで年七回もの個展をやり、絵を描く合い間に、本業の歌の仕事をしていたのである。

才能も何もないのだから、絵のことは、ヘタの横好き、で済ませていたからいいのだが、困ったことに体力が異常にあるのである。

以前から、体力のある人は、ムリが利く分早く死ぬ、という確信めいたモノが私にはあり、酒やタバコで死ぬならまだしも、趣味でならイヤだ、といつしか思うようになっていた矢先、腰にドン、と来た、ギックリ腰であった。

今でもそれは、いい赤信号であった、と思っている。

精密検査の結果、腰椎変形症、とのこと。

私は絵を描く時（アクリル、水彩）水を沢山使うため、床に画用紙を置き、その前に座ってやるから、常に背中がまるまった状態だったのである。

それでも小さい絵なら、私は早描きでもあるし、結末はおのずと見えるから、何ということもないのだが、一度だけ、沼津にあるお寺のふすま絵を四枚と本堂に飾る五十号くらいの絵を描いた時は、初めて、きつい、と感じた。

約一カ月もの間、トイレと食事と寝る以外は、廊下に敷きつめた和紙の前で、背中まんまる、を続けたのである。

個展をやる前、歌では食えなくて、過度な土方のアルバイトも長く続けていたから、腰のことは、何も絵ばっかりのことではないようにも思うが、ほどほどに、というのが、どうも私にはないからである。

いつだったか知人に、他人よりも何よりも自分と折り合いがつかなくてね、と言ったら「ごもっともだ」、と言わんばかりに大笑いされたことがある。

田舎（秋田）で、他人を叱る時、侮蔑的に使う言葉で、ホジなし（保持なし）、というのがあり、読んで字のごとく、自分を保てない人間のことを言うのであるが、まったくもって、そのホジなし、なのである。

いかんともしがたい憤怒も、あるにはあるのだが、それは本業でやればいいことである。

今こうして書いていることは、過去の事がらであるが（ホジなし、と腰痛は、現在進行形）、何故か無性になつかしく、まるで昨日のことのように感じられる。

確かに駄作の山々ではあったが、唯一、自分で自分を流した時間の山でもあった。

今は、腰痛のおかげで、「ほどほど」を、絵に関しては手に入れた。
二、三時間やっては横になり、また少しやる、という按配である。
しかし、絵の具を水にといた時の、あのワクワクした気持は、幸か不幸か、小さい頃からずっと変わらない。

真っ白な画用紙と向き合った時の、エロティックな緊張もまた、私にとっては生涯モンである。

レナン

V

酒

深夜というか朝方というか、目が覚めると、「アレッ！」という感じで、自分だけひとり、この世からとり残されたような疎外感に襲われることがたびたびある。

そうなるのはたいてい、前日昼頃から酒を呑み始めた時で、夕方頃にはすっかりでき上がってしまい、正体不明のまま闇の徒となってしまっているのである。

シーンとばかり静まり返った奇妙な感のする時間帯に、重い軀を起こし、しばらくはボケッを決め込むのだが、冷気を覚えるにさしかかり酒びたしの頭がゆっくりと作動を開始し、一体全体どうなってるんだ、といつものように怒りにも似た不安を抱き、やがてこの悪い頭でも考え及ぶあらゆる瞬間への溜息「あーあぁ」となるのである。

考えてみると、今までも随分と、性格からくるその不安と照れの所為で無理な酒を重ねてきたような気がする。

だいたい酒はあまり好きじゃなかったし強くなかった、と書くと今を知る人達はあきれ返って、一笑に付すだろうが、本当のことだから仕方がない。

酒からつながる苦い思い出は、高校卒業してすぐ就職した浅草の洋品問屋から始まった。売子だった。訛りがどうしても抜けず冷汗の毎日だった。人の居ない商品倉庫や便所に入ってはよく標準語を練習したものだった。今思うとそれすら滑稽で莫迦莫迦しく思うが、何しろ真剣だった。一番よく練習したのは「ぼく」だった。紙切れに書いたみたいにふわぁとしていて何回喋っても自分という気がしなかった。

そういう自分をみて「哀れな青年」と思ったのかどうか、周りの人達は本当によくしてくれた。やがて喋らなくても済む梱包配送の方へ移してもらった。自転車で両国駅までダンボールを積んで行くか、車の助手席に乗って配達に行くかだった。運転の小野上さんに誘われて初めて呑みに行ったのは、配送に移ってまもなくの頃だった。ずっと東京で生まれ育った人だが、その荒涼と飢えている感じは言葉なくてもお互い通じ合えるものだった。

さて酒だがやっぱり駄目だった。やっぱりというのは小さい頃祖父の美味そうに呑むどぶろくを隠れて何度も、今度こそは美味いだろう、と試しに行くのだが、どうしても駄目で、これは大人になるときっと美味く感じられるようになると勝手に決めてしまっていたからだ。

オレの本名は及位典司だが、小野上さんの呼ぶ時の「のぞき君」ののが、やたらとアクセントが強くその度にこちらの気持の腰がカクン！となり弱いと知りつつ盃を口に運んだ。大して呑まないのにひどく酩酊してしまい、送られる途中しこたま吐いてしまった。次の日は頭が割れそうに痛く店を休んでしまった。オレの呑んだのは小さい銚子三本だったらしい。その次は会社の慰安旅行でバスで山梨の身延山へ行った時だった。おだてられるままマイクを一人で握りしめて歌い狂ってる時は良かったのだが、缶ビールが廻されるに至って一本も呑まないうちに頭がガンガンし、やがてバスの一番前の席に座らされ、バケツを持ったまんま身延山入りだった。「ボトル一本空けられないで男か」というどっかのメーカーの宣伝文句があったが、もうそんなものとてもとても、女で結構だった。皆の目からはオレに対する何の光も消え失せ、かわりにチョークで書き殴ったような字で「ダラシナイ」「ナサケナイ」「ミジメ」とあった。

やがて練馬の飯場へ入り、飯場から飯場を転々としている間に、酒を覚え、酔いたいために無理して流し込んでいた酒が、そのうち呑みたいため呑むようになった。歌い出した頃、ステージが恐くて恐くて仕様がなくやはり酒を呑んで上がった。不思議と足の震えがピタリと止まり、まっすぐ歌える気がした。条件反射というのがあるが、似ていると思う。今日はコンサートだ、と思ってもセイシンがフニャついてどうしても一点にならないという時、そこに酒を呑むと反射して、よし！　という気になって初めてヤル気になってくる。それでもまあ初めの頃は聴いてくれる人もほとんどなく、自暴自棄になり随分と客の前で失礼な態を何度も晒した。人の紹介で飯場からギターをさげて歌いに行った初めてのライブハウス「ロフト」では、バックミュージック以外の何ものにもされなかった。店の人達と乱闘になり、気が付いたらその店の前で血だらけになって倒れていた。

その時、軀を起こしてくれ血をふいてくれたのは、今もいろいろお世話になっている詩人の諏訪優さんだった。

その次行ったのは「曼荼羅」だった。初めて軀ごとオレの歌にぶつかってくる人達と会った気がした。そこの社長は泣いていた。オレはいつも泣きたいし、泣かせたいのだ。その「曼荼羅」はもう月一回の割で始めて七年目になる。青森の「だびよん劇場」ももうすぐ一年になる。泣いたり笑ったりしているうちに、それが生き方になる。泣くことと笑うことが酒がなくとも酔える唯一の絶頂感だ。

酒なんかいつも方法でしかない。

にごり酒と四十男

呉の知人から大内山酒造の「にごり酒」七百二十ミリリットル六本が送られてきた。絵の描きすぎで持病の腰がやられ、二、三日ぶらぶらしようと思っていた矢先のことだったので、何といいタイミングであろう、とさっそく口に運んだのはいいのだが、不吉なほどのさわやかさで、なかなか止められず昼過ぎから呑み始め夜には三本が空になっていた。

うますぎる酒は、私みたいな節操のない人間には「悪い酒」である。私みたいな人間も居ることであるからして、ラベルの中にただし書きでも添付していただきたいものである。

「性格的に破綻性のある人とたしなみに節度のない人は御遠慮願います」、とでも。

二日酔いならず三日目にしてもまだ自己保持おぼつかず、酒気をたちまち取り払うと評判の「酒仙」なるクスリを買い求めて呑んだりもしたのだが、それとて小さな慰みでしかなかったようである。

酒気帯びた頭痛やだるさは、四六時中であるからさして珍しくも何ともないのだが、こんな成す術もなきひどさは、そうそうあるものではない。

三日目になってかろうじてバナナを食べ牛乳を呑み、枕元の「にごり酒」の空ビンをビニール袋に入れ、夜鬼のようにそろりと部屋を出てゴミ置き場へ持って行った。

ふう、と小さく溜息をつき、またやってしまった、と思った。

二十代の前半の頃も一度、うまいワインを一升ガブ呑みをし、次の日から二、三日死ぬかと思うほど悶絶の時間を送ったことがある。

東京の個展ももうすぐだし果たしてこんなことで十日間持つかどうか心配である。

まあ、命さえおとさなければ、と考えてはいるのだが……。

と、いうように広島、呉から帰って来ても何ひとつデタラメな私の質は変わっていないのだが、ひとつだけ自分で考えても、これはヒットだな、ということがある。

服装のことである。

それまでは普段着のまま、ステージに立ちまた画廊に居たりしたのが、広島のアスワンショールームの、三人の女性コーディネーターの服装のセンスに、目を洗われる日々を送り、帰って来てすぐ、コートを買い、そのコートに合わせてズボンとマフラーとセーターを買い、ステージのある日は、それを着て行っているのである。

昨年の暮れ、三上寛とのジョイントコンサートの時初めてそれを着、知人に、どうしたんですか格好いいですね、と言われた。

内心私は、そうかそうか、と思い、広島でのことを話したら、じゃ靴も何とかしたほうがいいんじゃないですか、と言われた。その日、靴が間に合わず、何年もはいたことのない黒い普通のものをひっぱり出してはいていったのである。

そういえば、アスワンショールームの十日間、主宰の木戸俊久さんにもその服装に、日が経つにつれ、加速されてゆく苦労と、そのセンスのたたかいが感じられた。

コンサート会場へ向かう時、三上寛はたぶんジーパンの上下だろうなあ、と思ったら、確かにそうであった。

以前はそんなこと、どうでもいいと意に介さなかったのであるが、今は、相手がジーパンの上下のところへ自分もジーパンで入って行くのがたまらなくイヤなのである。

それがステージのことであるなら尚更（なおさら）である。

似合う似合わないかは、しかしまったく自信がない。素材が素材であるからして、ただあでもない、こうでもない、を繰り返すだけである。

ラッキョウの六月

この稿を書いている今は六月で、一年のうちで私にとっては一番落ち着かない時期である。

ラッキョウと皮のやわらかいナスが八百屋の店頭に並ぶからである。

自炊を始めた二十代の前半頃、売っているラッキョウがあまりにも糖分が強すぎ、それでは、と自分で漬けてみたら、これが思いのほか上手に漬かり、それから毎年漬けるようになったのである。

ラッキョウの場合、長くて十日くらいしか店頭に出てなくて、油断が出来ないのである。

出始めは鳥取産で、粒も小さく高いため、安くなり粒が大きくなるのを待ちに待ち、最後の最後で、泥付きの茨城産のを買うのである。

今は十キロくらいだが、一時は四十キロ程漬けたこともあった。

この時期になると用もなくとも、ついつい八百屋をのぞきに行く。

この間も、いよいよ出始めましたね、と言うと、ハイ出ましたよ今年も漬けるんでしょ、と八百屋のおかみさんに言われ、十キロ注文してきたのである。

自分でも恥ずかしいが、無事漬け終えたそのビンを前にするまで、何か安心できない気持なのである。

あとはナスである。

ナスの一本漬けである。

焼ミョウバンと塩を混ぜ、それをナスにこすりつけ、重しをして一晩か二晩である。

取り出す時のその光沢は、もう私にとってはこの世のものではないくらい、妖しい色気に満ちているのである。

この時期、ナスの一本漬けさえあれば、オカズもツマミも何もいらない。

夜の水

引っ越しする先の環境の条件として、近くに美味しいトウフ屋があるかどうか、と言っていたのは確か堀口大学だったが、さしずめ私の場合は水がとうとうと流れる川があるかどうか、である。

今は夜の十一時すぎであるが、つい今も夜の多摩川の水を見に行って来た。今日は昼くらいに起き、そのままその辺にある食べ物を口に入れた以外は、あとはずっと絵に向かっていたので、気がうすれてしまったのである。

私のヒドイ性格のクセについては前にも書いたが、どうにも困ったモンである。酒を呑めば途中では止めることができずベロベロにのびるまで呑むし、絵を始めればへとへとに疲れてバタンと倒れて眠るまで何時間でもぶっ通しやってしまうのである。

すべて間というか、その妙趣を愉しむということがまったくできないのである。

今日とて、何も特別の意志とか絵をやりたいとかいう感情もなしに、気がついたら、というか、それこそ何とはなしに始めていたのである。

昨年長野の信濃デッサン館主催の「村山槐多忌」にゲストで呼ばれた時にいただいてきた酒のビンが枕元にころがっていて、なかなかいいビンなので中はとっくにカラだが、とって置き、よし今日はこいつをやっつけてしまおう、と向かったのである。

三枚ほど描き上げたが、客観的には今とても見られないので、出来映えのことは判らない。

すごくいい感じもするが、何故かそれ故につまらないような気も同時にする。

ただただ描いてゆき、ただただ終わった、というだけで、やっつけてやろう、というあいまいな感じ以外は何もないから、後悔も満足も足りないのかもしれない。

三枚のビンをやっつけたあと、あとは、ミズミズ、と思い多摩川へ行ったのである。

絵を描くようになってから疲れると必ず多摩川を見に行っているのである。

天気のいい日などは土手に寝転び、何時間も飽くことなく川の水を見ているのである。

ぼおうと何も考えず、水を見ているとエネルギーが懐かしさのようにカラダに少しずつたまるような気がするのである。

広島での個展の時も、丁度疲れてきた時、タイミングよくガラス工芸作家の宮田洋子さんから、仕事場の前を元安川という川が流れている、と聞き、さっそく連れて行ってもらい生きた心地になったことがある。

どうしてこんな女々しい神経になってしまったのだろう、とも思うが、原因は絵を描くようになってからで、三年前に一度死線を歩いたことがあり、絵を続けて行く限りしようがないと思っている。

エネルギーを補給しつつやって行くしかないのである。

もちろん私ごときの認識や駄文ではお茶をにごすことさえできるかどうか、はなはだ不安ではあるが、たとえカラダがズタズタになったところで、望んで首を突っ込んだことである。

やろうと思えば、広島で平和記念資料館を観たあと元安川べりに寝転び感じた、言葉にならない無情のようなものを、殺気然として高めることも人にはできうるのである。

才能もテーマも私には程遠いものである。

眼前にもやたつ訳の判らないものに、とり敢えず、水のように対峙するだけである。

競輪が病気なら治らないでほしい

もともと賭けごとの好きな私は、これまでも、はたちのころ飯場で覚えたオイチョカブ、コイコイからはじまり、パチンコ、パチスロ、競馬、競艇、と時期と期間の長短はあれど、いつもどれかに首を深く突っ込み、その都度、一喜一憂してきた。

競馬だけは、大きいレースを遊びで買う程度で済んだが、パチンコの一発台（入るはずもない場所にある小さい穴に、球がピューっと入ると一万円分の大当たりという『ビッグウェーブ』という機種）には約二年間はまり、それからパチスロに凝り、それも二年あまり通った。

ちょうどそのころ、テレビ朝日の『クラブ紳助』から出演依頼があり、番組中パチンコの好きな島田紳助さんが、

「友川さんはいま、パチスロに凝っているそうですが……」

と向けてきたので、

「とてもパチスロでは食えません。すべて店の術中で、コンピュータも意のままですからこれからは、競艇と競輪です」

と答えた。

それから何日かすると、某スポーツ新聞社から電話がきて、競艇の原稿を連載してくれませんか、というので二つ返事でオーケーし、半年あまりの競艇場通いがはじまった。

ちょうど同じページに競輪の記事も載っていたので、じきに競輪場へも出かけるようになり、気がつくと、月の大半はどこかで、舟か自転車のどちらかを見るようになっていた。

競輪場へ出かける日の朝は、宅配でとっているものとはべつに、二、三紙のスポーツ新聞を入手し、おおよその見当をつけて出かけたものだが、仲間も師匠もいなかった私にとって、何紙もの新聞がそろって「◎」を打っているレースは「カタい」と読み、一レース中、「◎」があっちこっちに分かれているレースは「波乱あり」、と読むぐらいで、それがもし崩れた場合とか、まして展開の推理などは想像もつかなかった。

それでも数をやっていると、新聞の予想どおりにカタいのを少々厚めに買ってとったり、波乱含みのレースを当てずっぽうの穴狙いでとったりと、けっこう遊べてはいたが、結果よければすべてよし、とばかりに次の勝負にはなんの役にも立たない、一回こっきりの勝負であった。

単純な私は、勝った日は、「なあに簡単じゃないか」と思い、いましもこれで食っていけるぞ、と思い込み、負けた日は、ひたすら「なぜだ！　新聞のウソつき！」と怒り、ただただ、むずかしいなあ、と思い至るのが関の山であった。

それでも競艇の場合、スタートがつまずいたとか、差しのタイミングがズレたとか、マクリが流れてしまったとか、だいたい結果的には納得できていたのだが、競輪となると、なんの知識もない私には、もうそれは、雲をつかむようなものであった。

そんなふうに試行錯誤を繰り返していたある日、友人で、同じ秋田県の出身でもあるシナリオライターの加藤正人さんから電話があり、競輪に誘われた。聞くと、同じシナリオライターの先輩に五〇年も競輪をやっているベテランがいて、その人を紹介してくれるという。

私はその二、三日前、平和島で三〇〇〇円台の配当の舟券を一万二〇〇〇円もとったばかりで、すっかり有頂天になり、よし、もう競艇一本で行こう、と決めかかっていた。そこで、

「競輪はわけがわからなくてな」

とひと言いってはみたが、そのあとにつづけて、

「で、何時にどこで会うの？」

と言ってしまうのは、根っからのギャンブル好きのせいである。

その日は川崎競輪であったが、いつものとおり、新聞に頼るように何レースも買い進み、新聞の予想は、その日はまたことごとくハズれ、やはり競艇のほうが勝っても負けても簡単でいいなあ、などと思っているところへ加藤さんが現れ、初老の紳士を紹介された。

その人は名を馬場当さんといい、聞くと映画の『復讐するは我にあり』や、テレビドラマ『三匹の侍』などの脚本も手がけた方であった（『復讐するは〜』は私も好きな映画で、劇場やテレビで何回か観ている）。

軽くあいさつを交わし、その仕事に敬意を抱きつつ、見るともなくその紳士の手にしている新聞を見て、私は驚いた。

新聞の予想とはまったくちがうところへ印を打ったり、別ラインから本線の番手へ流したりしているのである。

いまにして思えば、なんとも私の無知で、そんなことは展開ひとつで、いくらでも

ありうることなのだが、その当時の私は新聞と予想屋だけが頼りで、彼らがハズしたときがすなわち私の負けたとき、だったのである。

競艇で浮いた金もだいぶ減り、あっという間に最終レースになってしまった。

恐る恐る、馬場さんに、

「次はなにを狙いますか」

と尋ねると、

「❹—❹と❹—❻」

オッズを見るとどちらも高配当。まさか、とは思ったが、もはや買うしかなかった。

結果がまた、驚きであった。

結果は、馬場さんが予想した四枠の二人と六枠のうちの一人が、一着から三着までに、みごとに入っていたのだ。

たしか配当は三八〇〇円で、私はそれを八〇〇〇円買っていた。

その四番車の選手はどの新聞でも、まったくの無印であった。

加藤さんも私も狂喜し、

「神様だ、神様だ」

と叫びあった。

場所が川崎から花月園へ移って、馬場さんとの五日間で、私は約三〇万円ほど儲かった。

最終日は、加藤さんも〝神様〟も仕事で欠席、私は一人で花月園へと向かった。が、案の定、自分ひとりではなにひとつレースを読むことができず、もとの〝新聞少年〟に戻っただけ。ボロ負けのまま花月園の坂道をまっ黒な気持ちで帰ってきた。

あれから三年になる。

いま、生活の中心は競輪である。

吉岡で食えないものか、と考えたのは今年の一月、生活の破綻から日雇いの仕事に出るようになった、その帰り道である。

吉岡は一〇回走って、七、八回勝てる選手である。いまが旬であり、あとはヒモを勉強して狙い撃てばいいのである。

たしかに配当は低いが、穴狙いで勝ったり負けたりしているよりは、ドンと三回なり勝負して、そのうちの二回をとればいいのである。

歌とか絵の仕事で金が入るときは入るのだから、吉岡のレースは郵便貯金でもする気で、勝負をすればいいのである。

競輪がもし、私の病気なら、生涯、治らないでほしい。

「それはもう、滝澤正光！」


「競馬が人生に似ているのではなく、人生が競馬に似ているのだ」

と言ったのは、かの寺山修司であったが、さて、競輪としてならどうだろう、と考えてみたら、これはもう、人間と人間が起因して交錯するのであるから、人生そのものであるというしかない。

九人の雲上人が演ずるドラマのそれは、時に、レースを創作演出した人間とは別の人間がゴールを一番で通過したり、激しくやりあった中から優勝者が出るかと思いきや、まったくその嵐の外にたまたまいた人間が恵まれて一着、ということも簡単にあるのである。

先行、捲り、追い込み、マークとワザはあるが、それは年齢や脚質や性格にもよるのだろうが、事務所にも入らず、金がなくなれば日雇いの仕事でなんとか食いつないできた私としては、やはり先行選手をどうしても応援したくなる。

知り合いのライブハウスが、電話を一台設けてくれ、もしよかったら連絡事務所代わりにどうぞ、といってくれたので、その事務所の名も「先行一車」にした。

前にも書いたが、アドレス帳の裏表紙に、滝澤正光の小松島での優勝時の顔写真（例の、ガッハッハッと笑っているもの）を貼っている。

彼のレースに、いままで何度勇気づけられたことだろう。

感動を通り越して驚嘆の思いに、いつもかられるのである。

絶体絶命の不利な展開でも、終わってみると、どこからどうしてきたのか、二着に伸びてきたり、三着に入っていたりするのである。

実践を離れての余談話ばっかりであるが、じつは昨日の夜遅く帰ってきて、留守番電話を聞いたら、なんとその滝澤正光からの電話が入っていたのである。

最近つくった歌の中に滝澤正光のことを歌ったのがあり、『月刊競輪』の社長に、恥ずかしいですが聴いてみてください、と渡したところ、これ滝澤正光に送ろうか？　と言うので、冗談じゃない、恐れ多いからやめてください、と制したのであるが、まさか、本当に送ったのである。

滝澤正光が、なんと電話してきたかは、内緒である。
代わりに滝澤正光への思い、競輪への私の思いを歌ったつたない歌詞を。

「夢のラップもういっちょう」

あの人もいい人だった
やれこの人もいい人だった
それは口をぬぐうように楽ではあるが
そのウラもまたあることで
ウラはウラであいまいで重く
家のない家路を急ぐようなもの
降りつむ雪の花に刃を向けるようなもの
オーイ夢のラップもういっちょう
さあ夢のラップもういっちょう

あれは武雄の競輪場
鼻のアタマにアイスクリームをつけて
地面とも新聞とも一体化した老人
あれは花月園の競輪場
お前のヨミは全然違うじゃないかと
こづき合う白髪のご両人
流れ流れ辿り着いた消えて久しい村祭
オーイ夢のラップもういっちょう
さあ夢のラップもういっちょう

夢ふたたび教えてくれたのは
ディランでもスプリングスティーンでもなく
朝もやを突いて走る滝澤正光

走ることでしかそがれて行かないものの
沢山あることを知っている

滝澤正光様が走っている
あくがれゆく理由がそこかしこにある
オーイ夢のラップもういっちょう
さあ夢のラップもういっちょう

いつか、競輪選手はアタマが筋肉である、アタマがないのはダメ、と教えてくれたその人に、いまの競輪選手で一人アタマがいい選手をあげるとしたら誰ですか、と訊いたことがある。

いろんな選手と交流のあるその人は、間髪いれず、断言口調で、

「それはもう、滝澤正光！」

と答えた。

留守番電話のその声が消去されないように、そのテープは、一〇回ほど聞いたあと、受話器からはずした。

気づいてみたればここはメッカ

初め、何も競輪をやるために川崎に住んだ訳ではないが、やり始めるようになっていざ気がつくと、これほど立地条件に恵まれた場所というのは、ほかにないような気がする。

ホームバンクの川崎は、それこそ自転車ですぐだし、花月園は隣の鶴見駅、平塚はその先、あと南武線に乗れば、ほどなく京王閣、立川であり、ちょっと沿線で足を延ばすと、小田原、大宮、松戸、千葉、伊東、取手、とまあ、ありもあったりである。

それにその川崎競輪場というのが、今はどうか知らないが、一時期、年間の一日平均三万人以上という全国一の入場者数で、売り上げも断トツの一位を記録していた、言わば、発祥の地小倉と並んで、メッカと呼んでもいいような競輪場なのである。

その川崎に住んで二十五年、競輪を始めて五、六年、それまでの間、一体私は何をやっていたのだろう、と思う。

やはりそれは、私の周囲に競輪をやっている人が居なかったせいだが、競輪もやらずに川崎で過ぎ去った二十年を、何とも惜しくも残念にも思う。が、もし一人で興味を抱いて、たとえ行っていたとしても、あまりのむずかしさに、早々と投げ出し、退散していたに違いない。

競輪ほど先達が居て教えてくれなければ、どうにもならないギャンブルというのも、そうそうあるまい。

幸い、私には、ほぼ同時に競輪を始めた、シナリオライターの加藤正人さんという同郷の友人がおり、彼と同じ職業の大先輩に、五十年来競輪をやっている馬場さんが居、その友人に堀内さんという優しく指導してくれた人が居たから、その面白さに辿り着くことも、はまることもできたのである。

残念ながら、その堀内さんは昨年病気で他界され、馬場さんとも最近めったに競輪場では会う機会がなくなってしまったが、二人とも、私の競輪における恩人である。

競輪をやっていなければ、こういう本を出すこともなかったし、テレビの競輪中継のゲストに呼ばれることもなかったし、競輪場や街で、見知らぬ人に「センセイ」と声をかけられ握手を求められることもなかったのである。

テレビに出てから驚いたことは、近所の今まで何気なく挨拶していた何人かの人の、私を見る目の色がそれまでと大きく変わったことである。

競輪のメッカの中で生活していることを思えば、何ら不思議なことでもありはしないのだが、実は、その競輪のおかげで恩恵もまたある。

今まで何度となくよく行っていた、ラーメン屋、肉屋、自転車屋の御主人は、私がテレビへ出たことによって初めて知ったのだが、みんな熱烈な競輪狂であった。

特に肉屋の御主人は、大きなレースが近づくと、気合い（?）が身体に満ちていて、客の中に私を見つけると、奥で仕事をしている時でも、待ってました、とばかりに手を休め嬉しそうに私の方に走って来て、「明日のレースはどうですか、吉岡で堅いですか、神山はやはり捲りですか、穴は誰ですか、十文字はどうして先行しなくなったんですか」と、矢継ぎ早に訊いてきては、私の注文した品とは別に、肉なり、ハムなりをポンポンと袋に入れてくれるのである。

自転車屋の御主人は、誰が見ても一見ボーッとして、何を考えているか判らない初老の変わり者、というそれまでの印象だったのが、私が競輪中継のテレビへ出たあと、たまたまパンクの修理に行ったら、「おおう、この間テレビで見たよ」と切り出したかなと思ったら、喋ること喋ること、まるで我が意を得たり、とバズーカ砲よろしく、自分の競輪人生を語り始めた。

前の主人に誘われて二十代そこそこの頃、初めて競輪場へ行ってから病みつきになり、ずっと今まで来たこと、その主人が出目で買う人だったらしく、自分も出目でずっと今まで勝負して来たこと、それで思わぬ高配当を何本も取ったこと、私が、「出目はどうも、苦手ですね」と言うと、それには耳を貸さず、何日の何時の何レース、という数字と、その日のよく出ている出目、前日の出なかった目を、自分なりに組み合わせていることをまるで私に打ちつけるように、一気にまくしたてた。

その間私に、どうぞ、とすすめてくれた椅子の横に自分も腰掛け、パンクの自転車はほったらかしである。

私は心の中で、出目でいちいちギャンブルをやっていたのではたまったもんじゃないし、第一、出目でやるなら何もわざわざ競輪を選ぶこともないだろう、とも思ったが、それを口に出せる相手ではどうもなさそうである。

「おやじさん、パンクお願いします」と言ったら、ポン、と手を叩き、「おおうそうだゴメンゴメン」と立ち上がり、修理に取りかかったはいいが、何度もその手を休めては、私の方へ顔を向け、またぞろずっと出目の話である。

競輪狂、というよりは、出目狂である。

何しろ、選手とか、レースとか、の話はほとんどしないのである。私は、パンクもイヤで出目もイヤだが、その主人の、滑稽にも見える、その熱気は好きである。

さてようやっと修理が終わり、一刻も早く、「出目講釈」から逃れようと金を出そうとすると、両手を前にかざして私を制し、「いいよいいよ今日はサービス、そのうち出目で一本いいのを当てるから」と、最後の最後までの徹底ぶりであった。

その自転車屋は、通り道だからガラス越しに時々見るともなく見るが、その時はやはり、ボーッとした以前の変わり者、としてそこに居るだけである。

それでも、それ以来パンクはどうにか持ちこたえているが、何度かタイヤに空気を入れに行ったことがある。

空気入れは店の外に設置されていて、二十円を入れれば済むのだが、その時店の中から私を見つけるや、今までボーッとしていたのがまるで嘘のようにすばやく立ち上がり、店の外へ飛び出して来て、自ら、サービスサービス、と言って空気を入れてくれるのである。

さすがに、その短い時間では、出目の話はなく、「どう、競輪やってる」「テレビまた出てよ、競輪の番組はかならず見てるから」と言うのであった。

それもこれも、メッカ川崎なればこその話で、競輪場のない私の故郷秋田などでは、まことあり得ないことであろう。

あと、競輪のテレビに出演する時、ディレクターが気を利かして、バックで私のCDを流してくれたり、司会者が、「ゲストは歌手の友川かずきさんです」と紹介してくれたおかげで、それまで私を知らなかった人まで、随分とコンサートに来てくれるようになった。

私自身、競輪狂いが歌手をやっているのか、歌い手が競輪にのめり込んでいるのか、さっぱり区別がつかないが、いずれにしても、客商売もしている訳だから、嬉し恥ずかしとは言え、ありがたいことではある。

VI

中上健次さんのこと

まっすぐな道でさみしい（種田山頭火）

元気に元気に生きて行きたいといつも願っているが、その元気にもまた限度、否、程度というのがあるらしい。

のんきに行けないこの性格を、まあ仕方ないとも、じれったいとも思う。

うたうたってなんぼの人生、うたわずにいられないのだから、苦しくてまったくのところ困ったもんだ。

そんなある日、まるで後頭部に鉛でもぶち込まれたように頭が重たくなり、やがて体が前にのめり、気は軽く静かなのだが、何かとんでもないことが起こるような予感がした。

『枯木灘』という小説を読んだ時、だった。オレと二ツか三ツしか年の違わない、中上健次という作家に、オレはたちまち唸ってしまった。

そこには動かしがたい決意と、波うつ孤独が一本のチカラに形を変えて、綿々とつらぬかれていた。

この作家に会いたいと思った。

ふだんならそんなこと思いもしないのだが、どっかの記事に新宿ゴールデン街で呑んでる、というようなのがあったし、そのうち会えるというオレ自身の何やら確信めいた勘があった。その生き方にじかにふれ、その生き方と酒を呑みたいと思った。

チャンスは意外に早かった。

最初に会ったのは、FM東京の『音楽ってなんだ』というラジオ番組で共演した時だった。中上さんがホストみたいな役割で、三上寛氏とオレを相手に、音楽のこと、詩のこと等々を、語り合うという一時間の番組だった。

会う前、好きな人に初めてそれを告白するような心境でどうにも落着かなかった。

三上氏はそんなオレを察して「友川ダイジョウブ落着け落着け」と笑いながら言ってくれるのだが、ダイジョウブにもならなかったし、また、ますます落着かなかった。

ドアが開いて、あっ中上さんだ、と思って、あとは何をどう挨拶したものやら喋ったものやらまったく定かでない。ただひとつくっきり覚えてるのは、白いワイシャツを肘までまくり、ネズミ色のジャケットを手に持って、「オウ」と入ってきたことだ。

気がもどってきたのは、番組が終わりスタッフも含めて新宿ゴールデン街の酒場へ行き二、三杯入ってからだった。三上氏は気遣ってオレを中上さんの隣に座らせてくれた。食いものの話になり、三上氏が「友川、今度お前のとこでナベ料理パーティーやるべ」と案を出し、たちまちのうちに決まった。オレはもうしこたま呑んでしまった。矢沢永吉論やら、権力論やらがずっと聞こえてた。突然、三上氏の声が強くなったかな、と思ったら、帰る、と言って帰ってしまった。

その次に中上さんと会ったのは、拙宅での約束のナベ料理パーティーに来てくれた時だった。パーティーと言ったって、四畳半のまん中に、それこそナベをドンと置き、ひたすら呑み食い語るという、まあオレの一番好きなやつだ。

中上さんはずっと遅れて来た。テレビで対談の仕事があり、その相手と気が合い渋谷で一杯ひっかけてからタクシーで来たらしい。その番組の女性ディレクターと、対談の相手松本健一さんと三人で来た。あの『北一輝論』の松本健一と同一人物だと判るまでには少し時間がかかった。

ナベは評判がよかった。何のナベ料理かは忘れてしまったが、たちまちのうちに片付いた。中上さんは疲れているみたいだった。目のふちが黒ずんで痛々しかった。やがて酒が嵩み松本さんはかなり酩酊して、着てきた着物に何回も酒をこぼした。松本さんが帰り、中上さんが別室の三畳に寝た。

オレはもう中上さんが無事来てくれたことで、一人で有頂天になり、かなりハイピッチで呑んでたらしい。気が付くと三上氏とディレクター氏に、何を、放送局と歌手が、とからんでいた。三上氏は立ちあがり「友川！　酒まずいよ帰る！」。オレはオレで、あろうことか「そうしてください」と言った。その場はもうどうにも仕様がなくなっていた。そういう時はいくら呑んでも話しても、もう駄目だということを、三上氏は百も承知していた。

三上氏が帰ったのはもう朝の三時か四時ではなかったろうか。その友の背中を思い、また酒を呑んだ。

そうして二人の女も帰り、そうだ中上健次、と思い、子どもが隠しておいた宝物でもこっそり見に行くような心境で寝ている三畳の部屋をそっと開けて見た。ホウー小説家寝ているなあ、と安心し、その立派な体格に今更ながらビックリし溜息をついた。

次の朝、廊下をのっしのっし誰か歩く音で目が覚めた。

頭が昨夜の酒でまだガンガンしていた。

いつものことなのだけど、楽しいにつけつまらないにつけダウンするまで呑んでしまうから、この始末だ。

人と会う度、心のどっかで格闘に似た感情がむくりと起き、酒量が嵩むにつれ、それが抑えがたくついにはあたりかまわずぶつかってしまう。ここ十年くらいそんな風にばっかりやってきたから、すがすがしい朝なんかなかった。

トントンと戸がノックされ、開き、中上さんが入ってきた。記憶が急いでめくれ、狭い四畳半の隅にフトンをまるめて押しやり、どうぞ、と言った。何しろ軀が大きい。髪をかきあげ入口の所の冷蔵庫と柱の間を窮屈そうに通り、わずかに空いた所に座った。

照れ臭くて仕様がない。いつもなら、客より早く起き、味噌汁とメシを用意し、客を起こし、一緒にビールを呑みそれから食事、というパターンだが、何しろ浮かれて昨夜から油断をしていた。

取り敢えず、新聞紙の上にコップを出し、ビールを注いだ。

中上さんは「三上は?」と訊いた。昨夜の事情を話すと、苦笑して、「いつも一方的に喋って居なくなるんだな」と言って美味そうにビールを呑み干した。躯が躯なら腕も頑丈そうで太く、ぶ厚い手の平の先についた指にはでっかいペンだこがついていた。惚れてる弱みに向ってくる魅力の威圧とは異なった、不思議な匂いのある人間だった。

中上さんの前だと、何もかも恥ずかしくてならなかった。オレは嫌われてはいけないと思い、例の調子でベラベラベラベラとバカな話を繰り返し、繰り返しては心の中で、しまったしまった、と冷えてゆくものを感じた。

二、三本ビールがカラになった。

部屋に雑然と積んである本を見ながら、中上さんが、「結構本あるねえ」と言った。何と応えていいか判らず「うーん」と唸って頭をかいて、また、しまった、と思った。狭い部屋の一点に中上さんが目を落とす度に、そこだけが、ジュウと音をたてて焼け焦げてゆくような気がした。ろくすっぽ掃除もしないこの部屋にあるのはまるで塵芥ばっかりだ。

それにそのほとんどが貰いものだ。今まで金を出して買い求めたのは、酒と本と食料くらいのもんだ。テレビにしたって五台もかえたが全部貰いものだった。ある時は横にぶれるのを一年間も観ていたし、また真ん中に太い線が一本入り、上に足が映り下に頭が映る画面を飽きずに観ていたこともある。今あるテレビもＮＨＫは映りが悪く、北の湖か輪島か判らなくなる時がある。少し違うが棟方志功が目が悪く初めてメガネをかけた時、見えすぎる、といったような経験がよそのテレビを観ていて何度もあった。

どうも、ものにはまるっきり興味が湧かないから仕様がない。

中上さんが突然「友川、オレんちの電話番号知らないか」と言ったのには笑ってしまった。中上さんも軀に釣り合わないくらい顔を子どものようにくしゃくしゃにさせ、オレにつられて声を出して笑った。涙も流さんばかりにいよいよ笑いが止まないオレに、待て待てこれには理由があるんだ、と笑いを制すかのように、両の手を前に突き出し、自分もまだなお、その言葉に可笑しがっていた。

訊くと、二、三日前に新しい電話に切り換えたらしい。いろんな仕事がやたらときて、ついつい断れなくなってしまい、自衛手段のための苦肉の策だそうだ。

「先だってもテレビ局から何とかという女優と対談をやってくれときたよ、それはまあ断ったけど、一体どういうつもりなんだろなあ、タレントみたいなんだよなあ」

「小説一本で行きたいと思ってるのに」「それにしても友川は文学青年みたいだな」

結局、電話番号は判らなかった。電話局にはよそに教えないようにしてあるらしく、あっちこっちの出版社に問い合わせてみたようだったが、あいにく土曜日でどこも休みだった。

ある月刊誌の原稿の〆切があるらしかった。

酒の勢いもついて「徹底して呑みましょうよ」と言ったら、あっさりと、よし、と言った。

不思議と疲労はなかった。否、感じなかった。寧ろだんだんに、精神の中を同じ血が流れているのでは、というような、勘違いと生理的な情緒があった。

中原中也、小林秀雄、島尾敏雄、のことをちらちら感想語りしていると、中上さんの指が本棚の森敦の『月山』を指し、どうだった、と言った。気味悪いと言おうか、何か不思議な小説だったですねえ、と言うと、よし森敦の所へ行こう、となり、電話番号を調べ、今度は簡単に連絡がついた。

市ヶ谷までタクシーで行くことになり、アパートのすぐ前の通りまで出た。ビールのせいばかりでなく、足がほかほかと熱かった。

道は割と空いていた。

自分の部屋を離れたことと、ほろ酔いの軀がタクシーの座席のクッションに合ったこととで、気持の中にあったひとつの緊張がほどけていくのがはっきり判った。

中上さんは、座席の下に落ちていた新聞の折り込みかなんかのチラシを隅から隅まで見ながら、いやー今朝早く目が覚めたよ、そんで三上は居ないし友川寝てる部屋どこか判らないし、外へ出て散歩して来たよ、路地が多くて割といい街だな。髪をかき上げるのがクセらしく、何度も何度も髪に手をやり、チラシを見終わると今度は、座席の眼の前にぶらさがっているタクシーの電話書きやら広告やらを見、それも終わると今度は外へ目をやり、過ぎ去ったものを二、三度振り返り見……、本当にもう何ひとつ見落とすまいとしているかのようだった。

その目は、単にオレとの話がつまらないとか、〆切の原稿が気になっているとかじゃなくて、正直に飢えている目だった。オレは「中上健次の生き方」が少しくも判ったような気がし、その貪欲さ、感覚が痛くてたまらなかった。いつだって食い入るように、そうして人間を見、ものを見、自分を見て来たのだろう。

昨夜オレは、中上さんと松本健一さんに拙著詩集『吹雪の海に黒豹が』を、これあとで読んでみて下さい、と言って渡した。松本さんは酔ってぐらつきながらも、丁寧に、どうもありがとう、と言って着物のふところに入れたが、中上さんは、海のそばで包丁を持った男が立っている表紙を見たあと、もの凄気にその本を投げるように横に置き、駄目だよこれは、表紙が中身を全部言ってしまってて、これじゃ開いて読む気にならねえよ、と突き放すように一気に言った。

そして続けて、友川これ表紙までちゃんと自分でタッチしたの、と訊いた。はいそうです、と応えると、暫く沈黙が続いたあと、苛立たし気に煙草を口に運びながら、もっとちゃんとやらなきゃ駄目だよ、と誰にともなく呟いた。

オレは蛇に睨まれた蛙みたいに身動きひとつできなかった。いつものオレならとっくにあとさきも考えず喧嘩になっている場面だが、まるで歯が立たなかった。完敗。その真剣さ、強さ、は本当に迫力があった。オレはただただ、岩のような人間の周りでウロウロ小便垂れる、小僧っこ、のようなものだった。

座が張りつめたが、五人の誰からともなく話題がうつり、やがて何ごともなかったかのように和んでいった。

市ヶ谷近辺らしかった。運転手へ、道のことをあれこれ言いながら、突然中上さんが、窓の外の古ぼけた建てものを指差し、「友川、あれ吉行淳之介の母親がやってる美容院だよ」と言った。

「ああそうですか」と応えて、それまで読んだことのある作品の話をしながらオレは、衝動的にも、昨夜のことを恥と知りつつ、訊いてみたくなった。

「あの詩集の表紙やっぱり良くないですか」中上さんは昨夜と違った静かな口調で、「良くないよ、中まで逆に希薄に見えてしまうよ」というようなニュアンスのことをいろいろ言ってくれた。そしてオレの方を向き、「友川は本当に文学好きなんだな、信じてるんだな」と言った。オレは、「文学は押売りきかない分だけ信用できますよ」と言うと、黙っていた。

中上さんが「小説は書かないの」とまた訊いたので、調子者のオレは、「前に四、五編書いたんですけど、駄目だったんです、才能ないです」と言うと、髪をかき上げながらやはり黙っていた。

森敦さんの家は小高い丘の上にあった。三島由紀夫の自決した自衛隊の上の方に、中央線を見下ろすように建っていた。

中上さんは、前にも来たことがあると言っていたが、判らなくなったらしく、見覚えのある所でタクシーを降り、歩いた。いい具合にお巡りさんと会い、訊くと笑いながら、「ああ、あの風変わりなご老人」と言ってその場所を教えてくれた。すぐ近くだった。お巡りさんの言う、風変わりなご老人、というのが何とも言い得ていて可笑しくて、中上さんと二人大声で吹き出してしまい、お巡りさんもつられて笑い出す始末だった。

腰の高さくらいの鉄の門を開けて中へ入ると、感じのいい奥さんらしき人がドアを開けてくれながら、「遅かったですねえ」と言って、どうぞどうぞと招いてくれた。

中上さんが頭をかきかき、「場所判らなくなってね」と靴を脱いで上がって行くと、森敦さんが応接間の黒い椅子から立ちあがり、表情ひとつ変えずに、「『家の光』を目印に来ればいいんだよ」と言った。中上さんがオレを手招きしながら、森敦さんに「友川っていう歌うたいだ、こいつの所で朝から呑んでね」と言った。

森敦さんはこっちを睨みつけるように見、二、三度小さく頷いた。正直なところ、何て気味の悪い人だと思い、サァー大変だこりゃ、と思った。奥の方から、飲みものは何にします、何でもありますから、と聞こえた。森敦さんが何にします、とオレに訊いたので、あつかましいとは思ったが、オレはビールお願いします、と言った。中上さんもビールにした。

早く酔ってしまわなきゃ、とこれほど瞬時に思ったことは初めてだった。

森敦さんの風貌は、雑誌とかテレビで何度か見て知っていた。最初見た時、笑ってしまった。奇異な感じだ、とか、達観している感じだ、とかというイメージをとっくに通り越して、滑稽だった。岸田劉生の『麗子像』のような髪形、メガネの奥の厳しい年輪の眼光、モグモグとゆったりしたテンポで相手に押し込むように話す口調、どれもこれも微笑ましくも珍しくもあった。

今、眼前に居る森敦さんは、テレビで見た時のまさにその感じだったけど、眼前に居るだけに顔を見て笑うわけにもいかず、かといって初めておじゃました家に上がり込んで、すぐキョロキョロするわけにもいかず、ジュータンの上に膝を折ったままオレは困っていた。

すると中上さんが笑いながら「友川、何やってるの、楽にしろよ」と言ったので、やぁ緊張しちゃってね、と応えたら、椅子に座ってる森敦さんがまるで何も聞いてなかったという風に「何、どうしたの？」と顔を少しこちらに向けた。

中上さんがオレに気を遣うように、やぁこいつの所に『月山』があってね、そんで行こうってことになってね、と言った。森敦さんはそれには例の表情で「あっそう」

と言ったきり煙草に火をつけた。

　オレは周りに灰かに冷気のようなのを感じ、自分から進んで来たのも忘れて、何だこりゃとんでもない所に紛れ込んでしまったぞ、と思った。

　テーブルにビールが運ばれ、中上さんに勧められるままグイグイ呑んだ。

　奥さんらしき人は（言葉遣いや年齢から、どうしても夫婦には見えなく、寧ろ秘書という風な応対）、知的でおとなしく、森敦さんの言うことにいちいち敏感に応えていた。

　暫く話題は文学のことやら文学界のことだった。

　オレは専門家の話を、無知ゆえ聞くともなく聞きながら、生理的に帰ることばかり考えていた。

　すると突然森敦さんがオレの方を見、「どういう歌？」と言った。

　中上さんが、フォークですよ、と言い、オレは持ってきたLPレコードと詩集を、これです、と差し出した。

　森敦さんはやはり、あっそう、と頷き手に取って暫く眺めていたが、奥さんらしき人にレコードを渡し、かけてみなさい、と言った。

　オレは恥かしくて、またまたサァー困った、と一瞬思ったが、同時に森敦さんみたいな人がどんな反応を示すかにも興味が湧き、肚を据えて、ええいどうにでもなれ、と思った。

A面B面、レコードはグルグルとても長い時間廻った。

誰も何ごともなく、終わったところで何ごともなかった。オレの耳には音楽は一切鳴らず、ただ神経が誰かの反応を待っていた。

が、歌のことには誰もふれなかった。何回かオレの歌を聴いてるはずの中上さんとて表情は柔らかいものの、黙ってビールを呑んでいるだけだった。

オレは開き直った気にもなり、心の中で、老人にはやっぱり無理だな、と失礼にも乱暴なことをブツブツ呟いていた。

そんなオレの心中を知ってか知らずか森敦さんが、「さだまさし君の会社の顧問頼まれてねえ、さだまさし君なんかどう思いますか?」とオレに言ったので、「全然良くないですね」と言った。

そんな雰囲気から、結局音楽の話はそれっきりになった。

無感動無表情というのが時には、巨きさとか強さのゆえんにもなるのだろうが、この時ばかりは、うんともすんともない様子に、単純に、この野郎、と思った。

話がまた文学の話に流れたのを幸いに、どうもご馳走様でした、失礼します、と席を立ち玄関の方へ歩いた。

中上さんが慌てて、友川どこへ行くの、と訊くので「帰ります、新宿へ行きます」と応えると、待てよオレも行くよ、と立ち上がった。

森敦さんは最後までマイペースだった。玄関まで見送りに来たので、どうもおじゃましました、と頭を下げたが、とうとうオレの方は一度も見ずに、中上さんに、また電話くれるように、とモグモグ言うだけだった。

オレは一歩でも遠くへ行こうとばかりに急いだ。オレの興奮を手にとるように判って、笑いながら中上さんが、友川待てよ本当に歩くの速いな、と追っかけて来た。

オレは振り向き、中上さんを待ち構えながら、「まいったなあ、まるで妖怪だね、耆碌した妖怪だね」と笑いながら一気に言った。

外はまだ充分明るかった。が、何故かあびるほど酒を呑みたい心境になった。決心とばかりに、「新宿のゴールデン街で呑みましょう」と言ったら、一瞬仕様がないな、と笑いながらも中上さんは、ああ、と言った。

歩きながら、変な雰囲気から逃れられて、やれやれ、と思った。

森敦さん宅もたぶん同じだろう、と思ったら無性に可笑しくなってきた。

時間が早く、新宿ゴールデン街はまだどこも開いてなかった。「まえだ」のドアを引いたら、丁度掃除をしているところだった。

威勢のいいママが、「おうナカガミ、おうカズキ、一緒か、早いね、今開けるよ」と、入れてくれた。

カウンターに腰掛け、ビールを頼んだのはいいが、何しろ二人とも朝から何も食ってなかった。さっそく近くのラーメン屋に出前を頼んだ。中上さんがチャーハンとラーメンと餃子、オレが焼きソバ。

中上さんはそれを一気にたいらげると、友川ちょっと横になるよ、と言ったまま後ろの小さな座敷に、ゴロンと鯨みたいに寝てしまった。睡眠薬を呑んだみたいなあまりの早業に、「まるで冷凍鯨だな」と言ったら、ママがけたたましくワッハハハと笑った。振り返り中上さんを見たら、ウフッと笑い、「まだ眠ってないよ」と言った。

横になったでっかい腹を見ながら、オレが、喰いものでは何が一番好きですか、と訊くと、すぐ、あったかいメシに梅干しだ、と言った。

オレは、森敦さん宅での小さな反動もあってか、たちまちのうちに調子に乗った。酒も口も調子づくオレに負けてはならじとばかり、やがて中上さんも起きカウンターへ来て座った。

呑めばやはり、歌、である。店にあった演歌集を引っぱり出し、ようしこれ全部歌おう、と次から次と歌い出した。途中から入って来た客も巻き込み、大演歌大会になった。オレはビールの栓抜きをマイク代わりに、中上さんのジャケットをはおり、司会をやり、歌い、もう乱調の極致へと猛進した。

中上さんは、さすが昔ジャズ歌手になろうと思っただけのことがあって、渋く、上手だった。酒に酔ったあげくの、興奮の渦の中だったので、今だいぶ、場面がダブったりぼやけたりしてるが、中上さんのジャケットをオレが着ると大きくてオーバーのようだったから、いいオーバーですね、と言ったら、中上さんに、バカ！　それはジャンパーだよ、と言われ、大笑いになったことだけが、なぜか一つの区切りのように、はっきり思い出される。

その日のメイン曲は、宴会師（？）の面目もあってか、歌手友川の「誰か故郷を想わざる」だった。それはその辺にある小道具（？）とマイクを持ち、一旦ドアの外へ出てから、変装し、ドアを開けざま、即興セリフを喋りながら中へ入って行くのだった。即興といっても宴会の度毎に同じような調子でやっているので、少しずつは形を成してきているのだが……。

――（セリフ）昭和三十四年、私達の村にもようやくテレビがつきました……。三菱ダイヤモンドアワー・プロレス中継を観るために近所の子どもとツアーを組み、懐中電灯を持ち、私達はテレビのある金持の家へと向かうのでした……。

と始まり、どんどんと抑揚をつけ、盛り上がったところで、「花摘む野辺に陽は落ちて——」と歌い出すと、奇声やら拍手合唱でもう止まらないのだった。そんな遊びの熱気がどんな形で終わったのか、それが何時頃だったのか、例の如く判ろう筈もないのだが。

断片的に、——中上さんと二人で「まえだ」を出て、フラメンコギターを演ってる店「ナナ」に行って、山谷初男さんが来てないか訊いたことや、そのあと行きつけの店「どじ」へ行き、歌ってる若い人に文句をつけてこぜりあいをしてしまったことや、それから「どじ」の姉妹店「こどじ」に行き、それから新宿二丁目の「花嵐館」へ行ったこと——それだけがうっすらと、ただ記号のように思い出せるだけだ。

何週間かが過ぎたある日、和歌山から大きなダンボールの荷が届いた。中には大きく美味そうなミカンがいっぱい入っていた。

差出人は、中上健次、とあった。取材旅行か何かで郷里に帰られた折、わざわざ送ってくれたものらしい。その少し前、中上さんの言った、あったかいメシと梅干し、というのを思い出し、秋田の田舎へ頼んで、中上さんに少しばかりの米と梅干しを送ったお返しらしい。

その後しばらく会わなかったが、「はみだし劇場」の外波さん（外波山文明）から電話で、「友川、今度の芝居中上健次さんに脚本頼んだよ、友川も出すように言ってるよ」と来た。

ああ、来たか、と思った。前に中上さんと呑んでて、「中上さん、芝居の本書いた時はオレもからませて下さい」と言ったり、「中上さんが歌の詩を書くんだったら、それはオレが曲を付けますよ」と言ったりしたことがあったからだ。

丁度その頃中上さんは、アメリカへ何年か渡ることを決意していて、「はみだし劇場」の脚本を書き次第、ということになっていた。

「まえだ」へ行き、中上さんのアメリカ行き送別会やらなきゃな、と言ったら、よしやろうやろう、とママが言い、場所とかは後日連絡して貰うことになった。何か、物淋しいというか、嬉しくなるというか複雑な気持に、その頃だんだんオレはなっていた。

それが中上健次の「やり方」なのだろうと、理解しようとはしていたが。

中上健次はエッセイ集『夢の力』の中で、「一本の草」と題し、次のようなことを書いている。

──（前略）（二歳の）娘は、芽ぶいたばかりの小さい葉を、「おはな、きれいね、きれいね」と言うことによって、みつけたのだ。物をみつけ、同時に、言葉をみつけたのだ。（中略）草の一本一本、木の一つ一つが、私には、人間にみえる。
夜中、眼ざめると、娘は、私の蒲団に入り込む。寝る時には片時も離さない〝オフトン〟のかどで顔を撫ぜ、指をしゃぶる。不意にここと言って頭をさす。私は頭を撫ぜる。この子ですら、死ぬのか、と思う。かつてたくさん人が死に、いま母は、故郷でいつ死ぬかわからぬ状態にある。この子ですら死ぬのか。──

中上健次の表現し続ける肉体なり腕力は、鋭敏で繊細な魂によってつらぬかれているように感じる一文だ。

その生を苛立たしげにさえ語る彼の小説を、彼と付き合うことによって、オレは初めて読んだ、という気がした。

ある日、お茶の水にあるホテルへ彼に誘われるままについて行って泊ったことがある。前の日、オレは渋谷のライブハウス「屋根裏」でコンサートがあり、その打上げに彼が顔を出してくれ、そのまま四、五人で新宿へ流れて行ってからのことだった。

もうすっかり夜も明けんとする頃、二人でタクシーに乗りお茶の水へ向かった。そのホテルに、原稿のため彼はいわゆる〝カンヅメ〟状態だったのだ。「中上さん明日は何時からですか？」と訊いたら、「うん、朝の八時に編集者が来るんだよ」と疲れて生気の失せた表情でこちらを見た。

オレは、酒が満ちすっかり友達口調並みのおうようさで、「中上さんそりゃ駄目ですよ、無茶ですよ、また眼の周りが黒ずんでいるし、明日は昼頃までぐっすり眠った方がいいですよ」と言った。

中上さんはシートに深々と沈み込むようにしながらも顔を上げ、ああ、ああと頷いていた。

次の朝、何時間くらい眠ったのだろう、人の気配で跳び起きると、ツインの部屋の窓際のテーブルで、中上さんはすでに原稿を書いていて、そのうしろで一人の男の人が静かに『すばる』を読んでいた。

オレは、敗北感と恥かしさのあまり、わぁあすみません、と頭をかきながらベッドを出た。すると、中上さんがニコニコしながら、「友川、いいからまだ寝てろよ」と言った。

オレは忘れるくらい早くここを出なければと思い、コートとカバンを持ち出口に向かうと、中上さんが大声で笑いながら、友川、友川と呼び、まずいいからいいから、とオレを制し、S社のNだ、とさっきまで本を読んでいた人を紹介した。物腰の柔らかい感じのいい人だった。オレはまともに顔を上げることもできずに、友川です、どうも申し訳ございません、と犯罪者のような挨拶をしてしまった。中上さんが強く「よし、下でお茶でも呑もう」と言ったのに決められて、結局またズルリとそれに従ってしまった。

中上さんは、当然の如く顔色が悪く、目も窪んでいたが、原稿を書くための精神の目覚めからか、いつもの力を回復していた。小説家の苛酷な一端を目のあたりにし、なぜか祈りたいような心境にオレはなっていた。

彼の書く物語の登場人物を彼が駒のようにあやつっているのではなく、登場人物さえも彼の速度の中を突き抜け、幻の光のように次々と昇天して行くのだと、その時初めてオレは知った。そしてそのような現場にオレを迎え入れてくれたことを申し訳なく思った。

次に会う約束をしてその日は別れた。

「まえだ」のママの主催で送別会が行われ、いよいよ中上さんのアメリカ行きが具体的になっていった。中上健次初戯曲「はみだし劇場」公演も、浅草「稲村劇場」で盛況のうちに幕を閉じた。

公演中、中上さんが一度顔を見せた時、オレは浮かれに浮かれ、乗りに乗った。もちろん出番は余興の舞台でであった。最高に盛りあがった時中上さんと演歌を一緒にやった。そのあとオレが、ふんどしに隠していた包丁を振り翳して踊ると、中上さんは、オイ友川、お前は本当に危ねえなあ、と言いながら客席の方へ走って行った。最後に狂乱の中、オレはふんどしを放り投げた。どっちへそれが飛んで行ったのかも判らなかったが、その時冷静にその場に居た秀（鈴木秀次）の話だと、そのふんどしがこともあろうか中上さんの顔に当ったのだそうだ。

それっきり中上さんとは会っていない。

ガキのタワゴト

去年の暮れ、大島渚さんとお会いした。

初めオレの所属するキングレコード会社に電話があり、一度酒を呑みながら話をしたい、ということなので、さっそく約束の日の夕方、赤坂にある事務所を、ディレクターの杉山さんと一緒に訪ねた。

入るなり、丁寧に迎えてくれながらも大島さんが、「実は来られないのではないかと思っておりました」と言うので、不思議に思い、「どうしてですか」と訊くと、中原中也の母フクさんが亡くなったのが今日の夕刊に載ってて、それで山口の方へ向かったのでは、と思ってたそうだ。

オレと中原中也とのことは、二年前に出したLP『中原中也作品集――俺の裡（うち）で鳴り止まない詩（もの）』を聴いて知っていたらしい。

ディレクターがオレの新作のLPを持参したが、それも買って聴きました、とのこと。

大島さんは、実に繊細で包容力のある人だった。

酔いに半分まかせての、くちさがないオレの話にも、いちいち敏感に反応してくれるのだった。

阿部定をモデルに撮った映画では、大島さんのぼかしのある『愛のコリーダ』よりも、田中登の『実録阿部定』の方が圧巻でしたね、とバカ故にペロッと口走ってしまった時も、本当に嫌味なくニコニコ笑って頷いていた。

大島さんからの話とは、今度撮る映画の出演のことだった。デヴィッド・ボウイが主役でそれに対する役ということで、一瞬胸ときめいたが、結局、「友川さんは訛りを直す気などないんでしょうね」「ええ」ということで、その話は流れてしまった。

頭を剃るとか歯を抜くとかなら兎も角、訛りは十一年前上京した時、直そうと懸命に努力したけれど直らず、断念したのだった。それに今は、その訛りを恥ずかしいどころか、むしろ少しく誇りにさえ思っていることだし。

大島さんも、「その方がいいですねえ」と言ったあと、話は違いますが、『愛のコリーダ』の藤竜也の役も最初は荒木一郎にお願いしたんですよ、そうしたら彼の言うことには、一週間ならまだしも一カ月も同じ女となんかやれねえ、と断られてね、アハハあれは実に愉快だったなあ、と続けた。

だいぶウイスキーもご馳走になり、いい気分になったところで、オレの行きつけの店である神楽坂の「もきち」へ誘って行った。朝から何も食ってないこともあり、たちまちのうちにオレは酔っぱらってしまった。

例の如く後日、場に居合わせた店の安部さんや、雑誌記者の中江さんに話を聞いたら、「友川はいつものようにメチャクチャだったが、大島さんは感じ良くとても楽しそうに呑んでたよ」とのことだった。

メチャクチャってどの程度メチャクチャだったの、と恐る恐る訊いたら、何と大変なメチャクチャだった。

初めのうちは、手を叩きながら即興のうたを歌っていたらしい。そのうち大島さんと何度も握手し、肩を組み、キッスをし、最後には手を嚙(かじ)っていた、ということだ。

ああ、オレはすぐさま穴に入るような気持で詫び状を書いた。

そうしていつもよりも深く頭の垂れる日々が続いたある日、大島さんから手紙が届いた。和紙に万年筆で書かれた文面の最後は、

「今でも楽しかった気分が残っております。そのうちまた呑みましょう。一度私の映

画にもつきあってください。機嫌よく歳のくれを」と結んであった。

甘えてはいけないと思う。

失態ももうここまで来ると甘えを通り越して、単なる愚かな惰性でしかないと思う。暮れのコンサートに深沢七郎さんが来てくれ、飛び入りでステージに出ていただいた時も、結局最後に酔っぱらって倒れてしまい、挨拶もできない始末だった。

尊敬する作家が、心筋梗塞をおしてまで駆けつけてくれたのに、その返礼が泥酔とは本当に情けない限りだ。

流されてはいけないと思う。

呑んだくれて呑んだくれて重なり合っていくのじゃなく、また机の前で紅茶を呑みながら頭をひねって生む何かでもなく、いつだって最後の最後の力で、精一杯地面の上に棒っ切れで大きく書く、その行為とその言葉で重なっていかなくてはいけない、と思う。

それは、大島渚さんと深沢七郎さんが暮れに、こんなガキにわざわざ与えてくれた猶予を考えても判るし、もちろん今までの二人の作品を通しても判ることだ。

死を教えてくれた作家

この八月十八日で深沢七郎さんが亡くなってから丁度一年になる。

「生れることは屁とおなじだ」と書き、今川焼を食いたくなって今川焼屋をやり、ダンゴを食いたくなってダンゴ屋をやり、『ラブミー農場』で趣味という畑作をやり、小説を書くのはネギに水をやることと一緒ですよ、と小説を書き、七十四年の生涯を閉じた。

その特異な人生観というか無常観は『流浪の手記』『余禄の人生』を読んでも判るようにずっと一貫していた。

一時、例の『風流夢譚』で嶋中事件が起こり、右翼に狙われ、関西、東北、北海道を流浪していた時のことが『流浪の手記』の中に詳しいのであるが、低視線からの不気味なドラマ性というか、事物をもののみごとに追いやるいさぎよさというか、羨望を通り越して私にはすでに驚異である。

だからとて深沢さんの影響でもないだろうが、亡くなったと知った時、さして感慨もなく、弔電を打ったあと『甲州子守唄』を読み返しただけである。

もっとも生前お会いしたのはわずか三回きりであり、会っていてもまともに話などできるはずもなく、それは最後までついにはファン心理のままだったせいかもしれないが。

最初お会いしたのは「ラブミー農場」の倉庫の引っ越しの手伝いに、その当時ひんぱんに一緒に呑み歩いていた画家のクマさん（篠原勝之）のお供でであった。

インドまぐろの刺身で甲州ワインをしこたまごちそうになり、大して手伝った記憶もないが、薪で焚いてくれたごはんの美味しさだけはしっかりと覚えている。

そのあと何度かハガキをいただき、私のコンサートへも一度いらしてくれた。

その時も私は酩酊してしまいほとんど覚えていない有様である。

そのあとしばらくして深沢さんから小包が届き開けると、手造り本『みちのくの人形たち』と『秘戯』が「この一篇を我が心の友のかたがたに捧ぐ、深沢七郎」とサイン入りで出てき、あなたのウタはネンブツですね、と短い手紙が添えられていた。

クマさんの個展でも一度お会いした。

白い開襟シャツにジーパンを穿き、シャイでいかにもプレスリーやロッド・スチュワートの好きな深沢さんらしさであった。

その時も私は一人で酔っ払い一緒に行ったドラムのトシと秋田出身の劇作家山川三太に送られてやっと帰ってきたのである。

それが今から十年も前であるから、よりファンとして距離をずっと置いたままの、死であった。

一度『すばる』の編集長の水城顕さんから「深沢さんから手紙がきて君のことが書いてあったよ」と言われた。

訊くと、『すばる』に載った私の長編詩について、ようやく彼（友川）もやる気になったようだね、というような内容であった。

水城さんは深沢さんと親しく最近は石和鷹（いさわたか）のペンネームで小説を書いている（訊くまでもないことだから訊いてもいないが深沢さんの生地は山梨県の石和町でありそこからとったのであろう）。

何せ深沢さんの『楢山節考』は、小説で一番最初に私が感銘を受けた作品である。

その夜もまた痛飲したことは書くまでもないことである。

書いていて今一つ思い出した。

それはコンサートへ来ていただいたすぐあとか、またはその前だったか今となっては忘れてしまったが、深沢さんからハガキと電話があり、誰か車の運転できる人を紹介して欲しい、と言われたので、私は免許がないので、友人のねぷたの秀（鈴木秀次）に話したところ断られたので、クマさんと呑んでいて、サトルが居るじゃないか、と言われた。

サトルは私の弟だがその当時行方不明になっていたが、深沢さんの本も何冊か読んでいたし詩や何か訳の判らぬものやらも書いていたので、よしそうしましょう、とサトル抜きでサトルの話が決まったのだが、その話もそのままになったまま今から四年前、そのサトルも逝ってしまった。

深沢さんはまたギタリストでもあった。

「ラブミー農場」へお訪ねした時も、奥の方からギターを持ってきて、上り框のところに腰掛けて弾いてくれたのだが、体調が悪いらしく途中でやめてしまった。

酔った私は、よせばいいことを、そのギターを借りて「姥捨山（うばすてやま）の守り花」という『楢山節考』を読んでその影響で創った歌を深沢さんの前でうたったのである。

うたい終えると深沢さんはひとこと、少女っぽいね、と言われた。

深沢さんは、女と子どもは嫌いだ、とどこかに書いていたから、その両方ともその言葉に含まれていたことになり、ガッカリしたのを覚えている。

『楢山節考』を、人生永遠の書の一つ、と激賞したのはかの正宗白鳥だが、その師の亡くなられた時も、その場へは行かず、どこかの喫茶店で誰かと話をしながら、ふうっと、「スワンが一羽居なくなった」と思いをよぎらせたらしい。

私が高校の時読んだ小説の感動は、今思うに、死から目をそらせない、ということと、死をも生きる、ということとの立脚点の恐怖であったように思う。

生きるということは沢山の死を否応なく味わいあびるということかもしれない。

ガーベラ

二、三十人の男女が写っている写真がある。
場所は法政大学のコンサートの時の私の楽屋である。

いくら目を凝らしても判然としない顔も三、四人混じっているが、この中に中島葵とたこ八郎もいる。たこ八郎は丸いつばのついた黒い帽子に学生服というでたちで、中島葵は黒っぽいコートを羽織ってはにかんでいる。

残念なことに二人とももう死んでしまったが、私の大事な刺激的な友人であった。ワイワイやっている時はワイワイに紛れて気づかなかったが、死なれて初めて思ったことである。

たこ八郎のことはウタにしたりあっちこっちにつたない文を書いたからここでは書かないが、たこ八郎にしても中島葵にしても、私程度の筆力ではとても敵わないほど、魅力的な人間であった。

呑んでバカをして別れたあと、大きく思いを残す人間であった。

今書き始めていて突然思い出したのだが、二人とも同じ舞台で私は知り合ったのだった。

それは赤塚不二夫さんの『バカ田大ギャグ祭』という舞台で、十何年か前に渋谷の「東横劇場」で行われたもので、私はチョイと出て二曲くらい歌うだけのものだったが、そこで知り会い妙にウマが合い、呑み友達になった。

私はいつの間にか、アオイと呼んでいたのだが、彼女はいくら酔って乱れてもずっと私のことをサン付けで呼んでくれていたのを思い出す。

男とみなしていなかったのか、また友達とも思っていなかったかもしれないが、私にはその一瞬が妙に、アオイの知だな、節度を示してくれているな、と嬉しく思い、少しありがたく思っていた。

こちらのズボラもあるだろうがファンでも一時間も呑んでいると、トモカワ、と呼ばれることが度々あり、まあその都度暴力には出ていたから、アオイのそれはとりわけ新鮮にきこえていた。

いつだったか芥正彦と一緒に私の川崎のアパートへ遊びに来てくれたことがある。

どんな感じの酒になったんだったかはとうに忘れてしまったが、ガーベラの鉢植えを買って来て、友川サンはガーベラ、という気がして、と照れ臭いことを言っていた。気恥ずかしくて、草でも何でもないだろ、とその時思ったが、それは黙っていて、ありゃあ、とすっとん狂に喜んだ、そのあと窓辺に置いたその花を見ながら呑んでいると、何、それはアオイのことのようであった。

電話もちょくちょくくれていたのにここのところないな、と思っていたところ、長野かどっかの病院で療養している、と風の便りにきいた矢先の訃報だった。

アオイと「ルル」のキンコと何度か一緒に呑んだ「まえだ」のママも死に、今度はアオイである。

告別式の日、私の次に並んだのはやはり何度か一緒に呑んだことがある友人の「一水会」の阿部勉であった。

勉さんと淋しく天気のことか何やら小声で話しながらご焼香をさせていただいた。最後まで看病した芥正彦のより小さくなった顔が目に入った。

遺影の中の笑みは、濃い紅の立派なガーベラであった。

ニラ花が咲く

VII

私に私が殺される

命をおとすところであった。

昨年のいつごろからかその予感めいたことを何度か書いたことがあるが、来る日も来る日も机の上の画用紙に向かい、カラダをぶつけて絵を描いていると、前頭葉のあたりが突然ふわぁとなり胸に冷たい風が一陣差し込んで来る時がある。

一瞬気が遠くなる気がし、急いで窓を開け放ち外を今さらのように見やるのだが、目に映るのはいつもの景色なのだが見ている己が、すでに別人というか、他者に占領されてしまった肉体というか、何ひとつ実存感がないのである。

絵を猛然と描き始めたのは今から五年前で、そのきっかけは今までに何度か書いたのでここでは省略するが、当初は何枚か夢中で描きあげたあとの「からっぽのカラダ」というのがとても気持良く、ビールを呑んでも全身で味わうというような感じになり、それはテレビの画面でも、他人の言葉でも、今までになく新鮮にビュンビュンスピードをあげて飛び込んで来たものである。絵を描くようになってから、今まで気にもならなかったようなものに目が行くようになった。

例えば呑み屋の天井の煤とか、訪ねて来た友人の坐って挨拶した時の目の光とかだが、それはそれで、ははあ、絵描きというのはこういうプロセスなんだな、と小さな喜悦感を感じるぐらいにはなっていたのである。

先日東京での個展が終わったばかりであるが、気が狂いそうになって来たのはその後半のあたりからであった。

一人で居ると淋しくて、それこそ何者かに命をそのままヒョイと持って行かれそうになり、母性（?）のある男女に朝までずっと付き合ってもらっていたのである。

が、最終日にそれは完全にやって来たのである。

その日も昼ぐらいからたくさんの人が会場につめかけてくれ画廊内で打ち上げパーティーになったのであるが、一滴も私は呑めないのである。

いつもならいくら疲れていたところでビールぐらいは呑めるのであるが、一瞬たりとも自分から気をそらしたり、喜怒哀楽を表出したりするとスウーッと持って行かれるというか発狂してしまうというのがなぜか判り、じっとしていたのである。

何度かトイレに立ち、カガミにそっと自分を映して見るのだが、完全に私の目ではなく、何者かの目なのである。

それが恐くて、僧侶で歌人の福島泰樹さんと国立がんセンターの女医の小林友美子さんといつも呑みに行く神楽坂の「もきち」の安部俊彦さんに、ずっとそばに居てもらったのである。

彼らのうちの誰かがトイレに立ったり私から気をそらしたりすると、突然不安になり、何かが私に忍び込んで来る気がするのである。

まだまだ昨年から奇妙なことは今思うと山程あったが、それは今思うとであり、死んだらただの心臓マヒか何かで片づけられていたに違いないのである。

昨年の暮れの宇都宮の個展でも淋しくて死にそうになり、わざわざ秋田へ電話し、母性豊かな友人の後藤進さんに勤務半ばで宇都宮まで来ていただき、何とか事なきを得たのである。

打ち上げパーティーの最中、突然カラダのあちこちが痛くなりうつぶせになり、五、六人の人にマッサージをしてもらった。

気が何度も薄れかけては戻り、やがてようやっとのことで何もかも静かになったように思った。

その夜は結局、個展をいろいろ手伝っていただいた岡本君と伊藤君という若い青年に付き添ってもらいタクシーで家に帰り、私が眠るまでカラダをさすってもらい眠った。

翌朝、目覚めたら、何かおかしいのである。何かが取り憑いているのである。

とっさに「あのお地蔵さまだ」と思った。

今回の個展に飾った絵である。

川崎のアパートの近くの商店街の中にあり、以前から気になっていたお地蔵さんで、その前に画用紙を拡げてスケッチし写真を撮ってあとで部屋で仕上げた絵である。

フトンから手を伸ばし受話器をとり福島さんに電話し、何かおかしいんです多分あのお地蔵さんを描いたせいだと思うんですが、たましいが持って行かれそうなんです、と言うと、よしすぐ来い、その写真もそこにあったら持って来るように、と言うのでさっそく上野の下谷にある福島さんのお寺である法昌寺へ行くと、すでに福島さんは正装で待っておられた。

昨年からの奇妙なことを断片的に話し、ポケットからお地蔵さんの写真を取り出し、これです、と差し出すと、額に手を当て、友川これだよ、と言った途端、私のカラダはふわっとどこかへ持って行かれそうになり、畳にしがみつくようにして、ダメです殺られそうです、とテーブルの下へもぐろうとすると、大きな声で、友川ダイジョウブだしっかりしろすぐ本堂へ来い、と言い、玄関横にある本堂へ私を案内してくれた。

まだまだ死ねないのである。

借金もまだまだあるし子どももあるのである。

五月、中上健次と二人でペシャワールへ行く約束もあるし、絵も今までの最高額売れ、いよいよこれからなのである。

御本尊の前の壇の上に通され、そこへ膝を折って座り手を合わせた。

膝の前には、何と言うのか判らないが、線香をたてる小さな箱があり、目の高さほどの棚の上には、忌まわしい因縁とおぼしき「お地蔵さん」の写真がある。

私の後方に福島さんが坐り、やがて、太鼓が静かに打ち鳴らされ、南無妙法蓮華経、と始まった。

私はひたすら波打つように体を悪寒が走り、その度に「お地蔵さん」に、申し訳ない、許して下さいと、呟いていた。

去年の夏頃から、部屋にこもって絵ばかりやっていると、何か神経があやうい感じになってきていたので、その時はすぐさま絵筆を放り、散歩散歩、と独りごちながら外へ出て、あてもなくあちこち、何時間も歩くために歩いていたのである。

そうして歩いているとやがて体に空腹感やら生理現象が湧いてきて、目元にあった絵を描きすぎたためと思われる異界の膜めいたものもスウーッと消え、生気が蘇る、と散歩は終わるのである。

そうした散歩はいつの間にか通るコースが何本かでき、その一つに「南河原銀座」というのが川崎駅の西口からほどないところにあり、商店街であるその中に、そこだけぽっかりと歯が欠けたような空地になっている場所があり、「お地蔵さん」があったのである。

だいぶ古ぼけてはいるが、いつも花が供えられていて、粗末ではあるがちゃんと木造の骨組で囲われ、トタン屋根がかけられているのである。

無意識のうちにもいつもそこに目が行き、やがて立ちどまるようになり、意識的に今度は手を合わせてから通り過ぎるようになり、いつからかはわざわざ、その「お地蔵さん」目当てに行くようになり、よしいつかこれを描いてやろう、と思うようになってしまったのである。

で、実際に描いたのは一月の銀座での個展期間にそれを思い立ち、朝まで呑んで帰って少し眠って起きた昼頃、急いで画用紙と墨とカメラを持ってその前に行き、地面に画用紙を拡げさっそく始めていたところ、向かいの肉屋の白衣を着て長グツをはいた初老の人が小走りに近づいて来て、突然「お知り合いですか」と訊いたので、初め、何のことか判らずに「えっ何がですか?」と頭を上げて応えると「実は二十年ほど前に、ここで火事があり、六人が焼け死んでいるんですよ」と言うので一瞬ビックリしてしまったが、こちらはもう絵に取りかかっているのであり、スケベ根性まるだしでもあり、やめられないのである。デッサンをやり、写真を撮り、フィルムをカメラ店に頼み、次の日、薄いグリーンとショウ油でそれを仕上げたのである。

タイトルを『天の六人』としてさっそく画廊に飾ったところ、評判もまずまずで気を良くしていたところ、なかには、わけ知らずとも、何か霊があるみたいで気味悪い感じだな、と言う人もあった。

かねてから私がその小説のファンでもある中上健次が初めて私の個展に来てくれた。「高清水」を一升ぶらさげて、どん、と入って来た。

私はぼおうとして違うところを見ていたので気がつかなかったが、その時いろいろ私の仕事を手伝ってくれていた弘前出身の作家志望の秋穂一義君が、突然、わぁ中上さんだ、というので、入口のほうを見たら、中上健次だった。

秋穂も中上作品のファンで、ほとんど読んでいるのである。

やぁ、と立ち上がって行くと、「来たぞ、来なけりゃぶち殺すと、この間酒場で言われたからな」と、入って来ざま言われた。

「やぁいつも酒乱ですみません。中上さん、まずビールでもいきましょうか」と言うと、手を上げて制し、「まず絵を観せて貰うよ」、とさすがに言ってくれた。

絵を観てくれている間に私は酔ってしまおうかと、二日酔いの体にビールを立て続けに流し込んだ。

座ってひととおりビールを呑んで乾杯したあと「友川、酒やろうよ、どうもビールじゃしらけて」と言った。

酒をつぎながら「どうですか」と絵の感想を求めると、グイッと一口あおったあと、「いやぁショックだよ、オレが『岬』を書いてコツンと何かに当たった感じを、友川も何かそういうのをつかんだんだよ、お前には前から何かあるとは思っていたんだが、これだったんだな」と、言ってくれた。

何かつかんだのが今思うと、成仏できない死霊だったとは、思いたくもない残念なことではあるが、「ペシャワール行こうよ、凄いところだぞ、そこでお前の才能を言葉悪いがいじくってみたいよ」、五時間ほどガブガブお互いコップ酒をあおりながらである、「望むところです、こっちがいじくってあげます」と応えたが、実は、それも嬉しかった。

その前の何かの文芸誌で、中上は村上龍と対談し、彼に、ペシャワールが世界で一番好きな場所だ、と語っているのである。

その時すでに、私のアタマは「お地蔵さん」にかなりやられている時、というか妙な具合だったのを自分でも気づいていたから、何かによって変えなければ、と思っていた時でもあったのである。

それでは三回一緒にお願いします、と福島さんに言われ、はっと我にかえり、福島さんの発声を追うように、南無妙法蓮華経をカラダからふりしぼるように唱えた。

どれくらいの時間が経ったのだろう。

福島さんのお経は凄まじいばかりであった。

死霊を自ら呼び込み、慰め、詫び、説き、また格闘し、一歩もしりぞかぬもののようであった。

別に救っていただいたから言うのではないが、今まで何度かいろんな場でいろんなお坊さんのお経をきいたが、一番気持のこもった迫真のお経であった。ありがとうございました、と言って立ち上がったら、本堂はいつものような静謐に満ちていて、まるで何ごともなかったかのようであった。

私もまたウソのように心身ともにスッキリし、サウナへ入って今あがってきたばかりのような何とも奇妙な明るい疲労で、それこそキツネにでもつままれたような具合であった。

おどけてそれこそ、私誰？　ここどこ？　とでも声を出してスキップでもしたい気分になったのであるから不思議である。

福島さんが、オイ友川もう大丈夫だ、ちゃんと成仏させたから、ところで今日トシ（ドラムの石塚俊明）のバンドのコンサートが渋谷であるから行くか、と訊いたので、私ももうしっかり大丈夫なので、一緒に行くことにした。

コンサートを聴きに行く、というあたりまえの現実味が、なぜかとてもありがたい気がし、半分以上他界していた意識を連れ戻していただいたことに感謝した。

福島さんが着換える間、別室でお茶を呑んでいると、奥さんが入って来て、「友川さん、大変でしたね、具合どうですか」と言うので、おかげさまでもうすっかりいいです、と応えると「実は今だから話すんですけど、個展の時一度泊りにいらしたでしょう、その次の朝の友川さんの顔というか、どことなくいつもの友川さんと違うので御上人にも話していたんですよ」と言うのでビックリしてしまった。奥さまも確か沼津のほうのお寺の出であるから、そういうことには敏感で、何かに憑かれた人やらが田舎では珍しくない話であるから、私は知らなかったが、すでに私の異様には気がついていたのである。

気がふれる、というような状態であったのかもしれない。

外へ出ると、今までずっとそうであったと思われる下谷の夕暮れで、心なしか通りの喧噪もなつかしく思われた。

よし、景気づけに軽くやって行こう、と福島さんに誘われるまま、通りに面した寿司店に入り、いつでもそうしているように、さっそくビールを注文した。

まだ何かおっかない気もなかった訳ではないが、一緒に呑んでいる人が呑んでいる人なのですっかり安心してグイッと呑むと、美味しいの何のって、重労働のあとのビールみたいに不思議とスイスイ入っていくのである。

ようやくほっとし、ああ本当にもうすっかり回復したんだな、と思ったとたん、今度は腹の虫がグウグウ言い出し、目の前の寿司を見境もなく口にポンポン放り込んだ。

そういえば個展期間中は一日一食で、あとはいつ終わるか知れないアルコール漬けだったのである。

　昼頃画廊へ入ると、何か食する、という感じはなっからなくなり、さっそく呑みたくなるので、朝帰ってフトンにもぐり、目ざめて画廊へ行くまでのわずかな間に、そうだ何か食べておかなければな、と食欲もないのに、ムリして食べるので、おのずから軽い一食にどうしてもなってしまっていたのである。

　横で福島さんがビックリしたように、友川がこんなに食うの初めて見たよ、と言った。

　私は普段呑みながらはツマミをほとんど食べないタチなのを、何度も一緒に旅などしていて知っているのである。

　前にも、秋田の詩人のあゆかわのぼるさんに同じことを吉野家で私が大盛を注文した時言われたのを思い出した。

　私は根がおしゃべりなので、ついついそういうふうになったみたいである。食べながら飲むことぐらい努力すれば私にだってできそうではあるが、食べながら呑みながらおしゃべりはやはり努力してもできそうもないのである。

　トシのコンサートは相変わらず良かった。

　この過激な男の存在は本当にこの十年私にとっては大きいものであった。

この男と会う度、オレは何て貧しいのだろう、何てザマだろう、と教えられ激励されてきたのである。

酒も音もたらふく吸い込んで、カラダはまるで春のようにワクワクしている。なじみの顔や初めての顔にまじって打ち上げに参加し、何かにつけて、ああ大丈夫だ大丈夫だ、とカラダと自分を思った。

その時なぜか心の中で、そうだもうこんなに良くなったのだし、明日「お地蔵さん」に線香と水をあげに行こう、ふっと突然、妙な気がよぎったのである。


今は故人であるたこ八郎や祖父や弟の覚(さとる)のことも今まで絵に描いたが、それらはいわば充分であったかどうかは別として、きちんと別れを告げてみんなに送られて逝ったので、霊魂も無事成仏できているだろうと思われるが、要は「お地蔵さん」のあった場所で焼け死んだ六人のうちの誰かがきっと、死んだ時大事に扱われずに、未だに成仏できないで、霊魂だけがさまよい、誰かのカラダを求め、心身ともに疲労していた私に入ったということであるようである。

これはその当時は何が何やら判らず、というか思考できるような状態でもなかったし、ただただ、気が狂うのも死ぬのも恐ろしくて、その異波がどうぞ最小限のまま、私から立ち去ってくれるのを文字通り手を合わせて祈っていたので、その後、福島さんやそういうことを経験したことのある人の話を考え合わせてみて、今私なりに判断していることである。

その成仏できなかった霊魂も私のカラダというかアタマも福島さんのお寺で祓（はら）っていただき、すっかり良くなり、「お地蔵さん」を勝手に絵に描き、それを個展に飾り売ったことのおとがめも少しはあるような気がし、線香と水ぐらいはあげなくちゃ、とごく自然にその時は思ったのである。

実はこれもあとで福島さんに叱られて判ったのだが、もうしばらく行っちゃダメだよ、と、カラダが丈夫になるまで「お地蔵さん」の近くへ行かないように、祓っていただいた日の夜のコンサートの打ち上げの席で忠告してくれたらしいのだが、ノド元過ぎれば何とやらで、死ぬ目にあったにもかかわらず、私はこりなかったのである。

次の日は、その絵も念のため祓っていただくお願いをしてあったので、画廊へ絵を取りに行ってお寺へ行く前に、「お地蔵さん」に線香を用意し湯呑み茶碗に水を入れて行ったのである。

相変わらず花が供えられて、それは今まで何百回となく見た、例の「お地蔵さん」なのであるが、どこか違うのである。

霊気がただよっている、というのであろうか、うまく言葉では表現できないが、私がそれに支配されているというか、魔物に絶対服従を誓った手下のような、妙な気が一瞬し、真剣にやらねば、と思い、その顔を真正面から見た途端に、立っていたカラダが内部からグラン、と何かにふいうちをくらったかのようにめまいがし、とても立っていられなくなりそこにしゃがんでしまったのである。

またやられてしまった、と思った。

近くのパチンコ店で椅子に腰かけて、打つともなく買った少しの玉を前に少し休んで、駅のベンチで休み、どうにか画廊へ行き絵を受け取り、地下鉄で福島さんのお寺のある下谷へ向かったのである。

タクシーでも近いのであるが、一回目の時タクシーで行ったら、そのタクシーがやたらと横道へぐんぐんスピードを上げて入り、何本目かの角を曲がる時、急ブレーキをかけてとまったのである。

私の乗ったタクシーが右折しようとした時左から直進して来た車があり、私の後部座席の横っ腹のところでとまったのである。

私の乗ったタクシーが確認もしないで猛スピードで曲がろうとしたためで、もう一方の運転手はすさまじい剣幕で降りて来て、どなっていた。

タクシーの運転手はひたすらあやまっていたが、その背を見ながら、私のせいだ、と思ったのである。

その前何日間かタクシーに乗ると決まって事故にあいそうになり、実は決定的におかしいと気づいた個展の最終日に、岡本君と伊藤君に付き添ってもらって帰った時も、三鷹のあたりで、私は前の席で運転手の隣に座っていたのだが、突然そのタクシーのすぐ前に、フラリッ、と酔っ払いが飛び出して来たのである。

その時私は、それが自分自身の姿に見えて、心の中でハッと息を呑んだのである。

それもそのほんの何分か前、ああアタマがおかしいなあ、と思いながら一瞬タクシー内にいるのは誰と誰だっけ、と考えると、あっ今運転手に私の変な空気が入ってしまったな、と思うやいなや、運転手が物も言わずに自分の右横の窓を全開して外の風を入れたので、今度は私のほうがビックリしてしまったことがあってから間もなく、だったのである。

今考えると、密室とか、アタマを圧迫するのはダメだったわけで、地下鉄もダメだったのである。

下谷へ行くまでは私は自分の本を立って読んでいた。笑われるかもしれないが、そのままその状態が進行すると、記憶喪失ぐらいには簡単になりそうで、自分の程度というかどういうヤツなのかしっかり覚えておこうと思っていたのである。

ワラにもすがる心境だったのである。

下谷に着いてドアが開き、乗って来る人のアッとおどろいた声に私はおどろいてしまった。

立って本を読んでいたのがいつの間にか、ドアのそばにしゃがんでいて、乗って来る人の足元に顔があったのである。

どうにかホームへ降り、出札口のところで今度は切符がないのである。

そっと一歩ずつ歩きながらも何人かの人とぶつかったのでその時落としたのか、それとも東銀座で入札してすぐどこかへ無意識のうちに棄ててしまったのかもしれない。

無意識と言えば、そういうことは何度かあった。

道を歩いていて気がつくと車道をいつの間にか歩いていて慌てて歩道へ走って戻ったということもあったし、画廊の冷蔵庫へカラのビールビンを何本か冷やしていることもあった。

何せおかしいと気づいてからは、少し疲労が重なってくると、誰でもいいから一人殺さなければ、と恐ろしいことに何気なくふっと思ってしまっていたのである。

その後のことは何ひとつ考えられもせぬ状態にもかかわらず、それも知ってる人じゃまずい、となぜか思っていたのである。

深川通り魔殺人事件の犯人川俣軍司が捕まった時、突然アタマの中に電流が走って誰か殺さなければと思った、と言った言葉をあとで思い出し、ゾッとしたものである。

私もその変な間、四回ほどケンカで殴り合っているが、それを今詳細に書くことはあまりにも辛くて控えさせていただくが、一度はいつものように画廊に来てくれたお客と呑み何軒かはしごをしたあと、夜中の二時にある店で中上健次と待ち合わせをしていて、それには一人で行きたい気がし、何人かと別れ約束までまだ時間があったので新宿ゴールデン街の行きつけの店で役者の外波山文明氏の「クラクラ」へ行ってカウンターで何杯か呑み帰ろうと二階の階段を降りようとした時である。

さっきまで隣でおとなしく呑んでいた若い青年が突然私を呼び止め、「友川さん、今まで知らんぷりしていたけど、私はあなたを知ってるんですよ」と言ったのである。

いつもなら、ああそりゃどうもそのうちまた会いましょう、ぐらいは言えるのであるが、その時はどうにもその、知らんぷり、という言葉がガマンできず、階段を戻りざまメチャクチャ暴力をふるってしまったのである。

さいわい外波さんがカウンターを乗り越えて来て止めてくれたので青年も私も救わ

れたのである。

否、青年はいずれにせよ、とんだ目にあった訳で迷惑この上もなかったのは誰の目にも明らかであるが、私は破綻へ向かう流れを一瞬救っていただいたのである。

何はともあれ二度目のお祓いも無事すみ、絵をしばらくの間、寺へ置いて貰うことにし、その日、立松和平さんの友人でコラージュ作家の丑久保健一さんの個展が銀座であり、福島さんと一緒に銀座へ出た。

タクシーは危ないということで地下鉄に乗り切符も福島さんが持ってくれ何とか画廊へ行ったのであるが、そこでまた私はその床に敷いてある大事なコラージュに、コップに注いでいただいた酒をこぼしてしまったのである。

丑久保さんは、いいですいいです、いつもこの上に寝転んだり、この上で何人かで酒盛りをしているんですから、と言ってくれたのであるが、当然画廊主に私はしこたま怒鳴られ一人で外へ出たのである。

少しして出て来た福島さんと近くのソバ店へ入りビールを注文したところ、何かまだおかしいのである。

一回目祓っていただいた時は、あんなにスッキリし朝までもおいしく酒を呑めたのにまったくビールも何も呑む気がしないのである。

　そうだ小林さんはどうしてるだろう、とすぐ近くのがんセンターに電話をしてみたところ、

「友川さんのことを午後からずっと考えていたら三時頃に突然何かグラリと来て五十いくつか掛ける三十いくつかの計算がまったくできなくて、ああ友川さん今頃福島さんのお寺で祓っていただいているんだな、と思っていたんですよ」と言った。

　三時は私が「お地蔵さん」に線香と水を持って行って私がふたたびやられた時刻であり、その掛算は偶然にも、絵の寸法とほぼ同じなのである。

　私はふたたび恐ろしくなり、福島さんにそれを話したところ、そうか霊は周囲にもまわることがあるんだよな、と言われ、続けて、友川ひとまず家へ帰れ、健康になるまで川崎へは行かないほうがいいよ、と言われた。

　それで帰ることにし、家へ電話を入れたら家も大変であった。

　二番目の子どもが夕方から耳が痛いと言って泣き止まないそうなのである。

　私が言うのもなんだが、その子はおとなしくて強くてめったなことでは泣かない子なのである。

　電話からその子の絶叫がきこえる。

　トリ肌のたつような不吉さに私は、何かが猛然と終焉に向かって突っ走って行くよ

うな気がし、福島さんと挨拶もそこそこに地下鉄へ急いだ。

丸ノ内線に乗って荻窪まで行って中央線に乗って三鷹で降りればいいのだ。

ところがホームへ立ったところ日比谷線のホームに居たのである。

指で丸ノ内線の進路を指し、口で何度も丸ノ内線丸ノ内線と言いながら行ったが、気づくとまた日比谷線のホームに居たのである。

日比谷線は、川崎方面へつながっているのである。


それでも三度目にどうにか丸ノ内線に乗ることができた。

タクシーもそうだが、地下鉄のホームというのも、いわばコンクリートの密室であり、上からアタマを圧迫される感じになるのである。

どうにか乗るには乗ったのだが、何かそのまま荻窪までは、アタマがもたない気がし、地上に出なければ、と思い、新宿で地下鉄を降りて、かろうじて、あてどもなく滑り続ける奈落の途中で踏みとどまった気がしてほっとし、三鷹方面への中央線へ乗り換えることができたのである。

三鷹からはバスで行ったほうが、この状態ではいいかとも思ったが、緊急時であるし、距離もそんなにないから、と思いタクシーにした。

窓をガラリと開け、外に半分顔を突き出すように後部座席に座っていた。

運転手には、少し体調が悪いので、と断っていたのだが、その初老の運転手の神経というのがまた、どはずれていて、ベラベラ、ああでもないこうでもない、と突き刺さるような口調なのである。

いつもなら、それとて、それはそれで何とかのひととき、として流しやれる、というものだろうが、何せ薄い紙っぺらのようなカラダ具合で、かろうじて持ちこたえているというか、泣きたくても泣くエネルギーさえ残っていないのである。

早く着かなければ大変だな、と思っていた矢先、工事中の片側通行をゆっくり走っていたタクシーが突然停まり、旗を振っていた人と運転手が激しい剣幕で何かやりあっているのである。

前後を見てみると、前からはすでに行列をなして車が何台も入って来ていて、後からは一台も車が続いてなく、それにこちらは、片側通行へ入ったばかりで前方はもう半分くらいのところまで進んできているのである。

運転手の言い分は、ＯＫの旗を振ったから入ったじゃないか、というものであるが、もしそうだとしても、居合わせた全体のエネルギーのことを思ったら、何のこれしき、と下がって見せるほうが、何ごともなくラク、な程度の問題ではないか、と私はイラつく元気もなく、外に首だけ出して目の前にある大きな夜の木を見るともなく見ていたのである。

その間がどれくらいの時間だったかは判らないが、とてもイヤな時間で長く感じられたが、ともかくタクシーが動き出したので周囲を見ると、何と前方の五、六台の車がバックをしているのである。

何てこった、といまいましく運転手の横顔を見やったが、今にも、ざまあみろ、といわんばかりのふてぶてしさなのである。

それに乗り合わせていた私は、さしずめバカ殿様というところであろう。

何もかも偶然起こったことであり、たまたま私のカラダがそういう時にそういうことが重なったにすぎないとは思うが、普段ならそうならないですんでいた状態が、私のカラダが参加したせいで、より敏感になり過激になりあらぬ方向へことが進んでしまった、と思えるふしが少なからず、言葉ではうまく言い表わせないが私自身、感じていたからである。

家に着いたら二男はまだ泣いていた。

電話口で聞いた絶叫とは違い、声も絶え絶えで、肩の揺すりで、泣いているのだ、ということを表わしていた。

玄関に座りながらその子を抱きすくめ、恐かったか、と訊いた。

全力で泣いたのであろう。

ふわりと軽いその子のカラダは、ボロボロに感じられ、何の応答もないのである。

耳痛いか、と訊くと、やはり何も応えないで、ただ私にカラダを預けて時々、カラダをピクつかせているだけである。

福島さんの、「霊は周囲にもまわることがあるんだよな」と言ったことを思い出した。

二十分も抱き締めていただろうか。

二男はやがて泣きやみ、しばらく余韻にボウーッとした後、何ごともなかったような、いつもの子どもの表情やしぐさに戻ったのである。

私も少しは驚いたが、ずっと耳が痛いと言って泣く子を三時間もあやしていた、妻や妻の母や義弟は、本当に驚いていた。

私のほうは依然、ダメである。

少しでも何かに気をやろうとしたり、相手の話に耳を貸そうとしたりすると、もうダメなのである。

貧血の時のふわりとした感じとも似ているようで全然違うし、麻酔の切れかかった時の何ともイヤな感じとも近いようだが、何か違うのである。カラダの感じだけではなく、思うこと、においても、その時大小かかわったことごとについて、その、「違う」、ということだけが、一番早く何よりも明らかなのであった。

タンスの上に立ててある、弟の覚の遺影、私の育ての親である祖父の児玉利通の遺影に水をあげ、福島さんのお寺でいただいてきたお守りを握りしめ二男と一緒に南無妙法蓮華経を唱えた。

最初は口がまわらなかった二男もほどなく言えるようになった。

それからの四、五日間は本当に苦しい地獄の時間の連続であった。

やたらと神経だけがカラダをギンギンと暴力的に支配し、それと反比例して肉体はかろうじて呼吸をしている、という具合なのである。

加えて、眠れないし、食べられないのである。

少しでも寝て少しでも口に入れなきゃ、と思うのであるが、せいぜい寝ても二、三時間で、あとはちょっとした物音にもバチッと目覚めてしまい、よし今回はだいぶ熟睡したぞ、と起きて時計を見ると、何と五分くらいしか寝てない時もあったのである。

食事も、食べなきゃカラダに棲みついてしまった魔物に負かされてしまうな、と思い無理矢理食べるのだが、あっさりと一膳、梅干しか漬物で食べるのがせいぜいであった。

一回目にやられた時とはこりゃ訳が違う、という感じになり、妻にお願いして田舎に電話をしてもらった。

生みの母と育ての母の両方に、私の状態を少し伝え、仏様に水をあげて拝んでくれるように頼んだのである。

あとは一切電話もせず、私は電話にも出られないのである。

何かに左右されて少しでも感情をひらくなり呼応しようものなら、その時が決定的に、どうにかなってしまう、というのがなぜか判るのである。

電話が鳴ると私は玄関の外へ出て、話が終わった頃ドアを開けて、誰からだったか訊くのである。

あらかじめ、電話の相手には、少しこちらの具合を話し、治ったらこちらから電話します、ということで、それまでは電話をかけて寄こさないように、失礼なことではあるが了解してくれるように妻には頼んでおいたのである。

活字を見るのもダメだから新聞などはそのまま棄ててもらい、テレビもダメだし、散歩もダメだったのである。

風にでもあたると少しは肉体らしい欲求が出て、眠るなり食欲なりが出てくると思い外に出てみたのだが、空の色とか木のカタチとかが、グワーンと眼に飛び込んで来て、わずかばかりしか残っていないエネルギーが根こそぎ、持って行かれそうな不安を覚え、そそくさとまた、引き返したのである。

あとは四六時中お守りを握りしめたまま、坐ったり横になったりしながら、タンスに貼りつけてある、紙にマジックで大きく書いた「南無妙法蓮華経」という字を、最後の切り札と頼み、みつめているのである。

寄せては返す波のように、カラダに湧き立つ不安感に、時々、強い調子で声に出して、南無妙法蓮華経、と抵抗するのが、その時私にできた、ただひとつのことであったのである。

私の異様を察知してか、いつもならうるさい五歳になる長男の鋭門（えいと）も、音も出さずにつまらなそうにオモチャのブロックで二男の然斗（ぜんと）と遊んでいる。

ハッと、子どもだから本人は気づいてないかもしれないが、二男は大丈夫だろうか、と思い、然斗！、南無妙法蓮華経、と声をかけると、幼児口調ながらも言葉遊びでもしているように南無妙法蓮華経、とブロックから目を離さずにおうむ返しに声にしたので、ああ二男は大丈夫だ、とほっとし、私はまた自分のことにとりかかったのである。

一応小康状態というか、あらゆるものに囲まれながらも、かすかに己であるという感じは三日間ほど続き、この先どういうことになるのだろう、ということを静かにゆっくりと考えていたら、四日目に幻覚におそわれてしまった。

それまで喜怒哀楽を表わすと、たちまちのうちに持って行かれる、というか殺られてしまうから、感情的な話はできるだけさけ、万が一淋しい話も冷静に無表情に話すように努め、妻にも私の前で決して泣かないように頼んでいたのである。泣いたら最後、私は殺られてしまうのである。

私は、その状態からして、すでに泣きたいことが山ほどあるのである。

その時はいつものようにお守りを持ち静かに座っていたのであるが、何かアタマが急にモヤモヤし、いよいよ来たか、と思い一心に気持をできうる限り集中していると、突然頭上の蛍光灯が揺れ出したのである。

最初は地震かな、とも思ったが、やはり違うのである、台風の前の木々のざわめきのような、何か得体の知れないモノに突き動かされているような、意図的な生命感を感ずるのである。

初めはそれほどでもなかった揺れが、やがて思いっ切り手で放ったようにグラグラとし妻に、ほら来たぞ、こいつに負けたらダメだからな、と言うと、エッと言いながら、続けて、しっかりして何も揺れてないから、と言うので立ち上がって間近に蛍光灯を見ると、全然揺れていないのである。

ああ幻覚まで見るようになったか、と思ったが、すぐ思い直し、本番はいよいよだなと感じた。

そして、その通り、死神（？）は五日目の早朝にやって来た。

その日私はフトンの上に膝を折って座り、タンスに貼りつけてある「南無妙法蓮華経」を見ながらお守りを握りしめていた。

殺るか殺られるか、すでに覚悟はできていたので、恐いとか慌てる、ということもなくむしろ、自分でも不思議なほど静かな気持であった。

一瞬、ほんの一瞬、玄関のほうに人の気配がした。

見ると、男が立っていた。

年の頃は四十ちょっとくらいだろうか、メガネをかけて白髪で背広にネクタイで白いレインコートを着ていた。

私の一番嫌いなニヤついた顔で男は私のほうを見、その瞬間片足をあげ居間へあがり込もうとしたのである。

こいつだ、と思い、あらん限りの力で南無妙法蓮華経、と絶叫した。

男はテレビの画面のスイッチでも切られたようにバジッと消えた。

あまりの声に妻はビックリして跳ね起き、どうしたの何があったの、と訊くので、ついに来たんだよ、と今あったことを話すと、ぶるぶると震え身をすくめて、ああ恐いああ恐い、と言っている。

一通り話して腕を見ると、私も鳥肌が立っていた。

五日もの間、ほとんど眠っていないにもかかわらず、なぜかすぐ横になる気にはならず、昨年から続いた様々の異様な出来事を次から次と話した。

そうしているうちに、カラダからものの怪が抜けた、というか、霧が晴れた、というか、生きてある疲労感が気持にきざし、ああ助かったんだな、と初めて心の中にゆとりのようなものが少しく浮かんだのである。

今この稿を進めながらふっと思い出したのだが、昨年の夏頃、何年かぶりに育ての親に電話をしたことがある。

その時感じた淋しさが、今回の一連のことの発端だったような気がする。

育ての親と言っても、母方の実家の祖父母であるが、祖父はすでに他界し、電話をしたのは祖母にである。

祖母は祖父の後妻の後妻で、つまり三番目の妻で、祖母自身は子に恵まれず、先妻の子を育て、その孫（私）を育てたのである。

東京へ出て来た頃はよく祖母に電話をしていたのであるが、母親のこともその都度気になり、よろしく、と伝えてもらっていたのであるが、祖父が他界し、主が変わり、孫ができ、なんとなく今度は祖母の家へ電話するのを遠慮し、母方へかけるようになったのである。

祖母には随分と恩知らずの冷たい男と思われていたのかもしれない。

その日なぜか無性に祖母の声を聞きたくなり電話をしたのである。

いつもおだやかな温厚な祖母がその時は違ったのである。

私が私の子どもの話をすると、いつもとは違ったしんみりした口調で「おめも人の親だしがんばらねばな」と言い、次に「うちのワラシ方も大きくなったど」と言うのであった。

その時私は、今まで祖母に感じたことのなかった「そらし」を感じ、淋しさの束を感じ、私の愛のなさへのいましめの信号を感じたのである。

祖母の孤独をうっちゃるように生きてきた自分を口惜しいと思う。祖父には早く他界され、能代市に住んでいた唯一心のよりどころであった実家の実姉には鉄道自殺をされ、夜中に一人自分の寝床をのべる老いた育ての親を、私は少しも思いやれなかったのである。

太宰治が『津軽』で育ての親の「たけ」へその思いをぶつけたように、私もやれればいいと思う。

一通り妻に話すといつの間にか睡魔におそわれ、目が覚めたのはそれから十四、五時間経ってからであった。

カラダもぐんぐん調子がよくなり、川崎の仕事部屋へ来て今度はまたまたおどろく電話が二本あった。

一本は今の妻と結婚する前に付き合っていたK子さんからで、ここ一週間ばかり毎日電話をしていたそうである。

今は人妻となった彼女からは、それこそ何カ月に一度電話があるかないかなのに不思議に思い訊くと、一週間続けて私の出てくる怖いユメを見て、何かあったのでは、と思いかけてくれていたそうである。

それにおよそそんなことをする人ではないのに、私の秋田の実家までも確認の電話をしたそうなのである。

もちろん彼女は、その間私の身に起こったことなど知る由もなく、また私はゾーッとしたのであるが、私の説明をきいて今度は彼女がビックリしてしまった。

もう一本の電話は浦和に住む和泉さんという人で、コンサートの依頼であったが、旧知のその人に、実は、と話したところ、覚えていますか、と反対に訊き返された。

昨年の夏頃、和泉さんと私の絵を買ってくれた友人が私のコンサート会場へ来、その絵の中に何か不気味なものがあって気味悪いので福島さんの寺へ納めてもいいでしょうか、と相談に来たらしい。

話されたのがコンサート打ち上げの席で、どう応えたものやら私はすっかり忘れてしまっていたのである。

それにもう一人和泉さんの友人で昨年の暮れ、大手術をした人が居て、手術の前の晩私のユメを見て、和泉さんに電話をし、友川さん何かあったんでしょうか、と言ったらしい。

昨年の暮れといえば、私は宇都宮のスナックで淋しくて涙をボロボロ出して、誰はばかることなく泣いていた時である。

一番下の空

どこをどう見間違えたか
族なりの道のりを
赤い足を揃えて歩くというのは
この上もなく寂しいものぞよ

時代の暗示は
夫々（それぞれ）の白い蓑（みの）に見え隠れしながら
あらかじめ用意されていたとはいえ
何と多くの流血の時節の
太い点であったことかよ

よじれて
たるみ
ひんまがったまま
空に向かって立ち続ける
音義も苦肉もない
退屈の喉は

一夜限りの肉体のように
か細い火をぱちぱちと
すぐそこの未来へ
放つのみである

一番下の空の中
あてどもなく歩くことに歩き
自我の点在をうっちゃり

なまあたたかい闇に
沈黙の帰省をする

眼をひんむいたとこで
誰も居やしねぇ
死の時刻にくるまり
夜空を細く見るだけである

どこをどう見間違えたか
族なりの道のりを
赤い足を揃えて歩くというのは
この上もなく寂しいものぞよ

〈東京に木枯らし一号吹き荒れる〉と、気象庁が発表したのが十一月九日であったが、丁度その前後一週間ほど川崎の街を、日によっては何度も昼となく夜となくあっちこっちうろついた。

川崎に木枯らし発表がなされたのかどうか知らないが、夜はもうとっくに寒く、深夜には首にマフラーを巻いて出掛けた。

多摩川を一本隔てて東京と川崎である。ましてや、川は風の道である。

真夏の寝苦しい夜でさえ川岸だけは涼しい風が吹いているのである。あてどもなくにぎにぎしいネオンを見ながら歩いていて、ふと街中から通りへ出ると、そこには風の束ができていて、酔いにまかせてなおも進むと、そこはもうソープランドで有名なあの堀之内のはずれで、あと五分もいけば多摩川に出る。

一週間も続けてほっつき歩いたのは初めてだが、そもそもほっつきグセなるものがついたのは二十代前半から半ば頃で、一週間に二～三度立ちんぼから日雇いに行き、その日暮らしを送っていた頃である。

朝まだ明けやらない時刻に起き、三十分かかって川崎駅の西口にあるアパートから東口の職安の前まで行って立ちんぼをするのである。日によって仕事が違うから、そのきつさもまちまちだったが、賃金がちょっと高い仕事はそれこそもう今でなら機械に頼んでいるような仕事である。

今でも思うだにゾォッとすることが三つほどある。

一つは横浜沖に停泊している外国船にタグボートで乗りつけて、うず高く積まれた麻袋の荷を降ろす夜勤仕事である。中に何が入っていたのかは忘れてしまったが、大人二人で気合いを入れてやっと持てるほどの重さで、クレーン車が降ろしてよこした網のモッコに二人一組で次々に積んでいく仕事である。積み方が悪ければクレーンが引き揚げる時荷が崩れ、それだけ仕事が増える。ゆっくりやればやったで、何人かの現場主任らしき者に「こら、朝まで終えんと承知せんぞ」と怒鳴られるのである。

私と組んだのは山梨県出身のおとなしい人であったが、妙に私とウマが合い、その後立ちんぼで見かけると、どちらからともなく声をかけ、何度か一緒に仕事先へ行った。

石森さんというその人のことを、私は後に歌にし徳間音工からレコードにして出したが全然売れなかった。

日雇いの労務者はどこへ行ってもランク下に見られゴミみたいに扱われることも何度かあるが、それはどこの馬の骨かわからないという恐さや、何日も風呂に入っていないような汚い身なりのせいばかりでなく、その日限りの仕事で、言われたことだけをやり、チャンスさえあればさぼって時を送り、金さえもらえればいいというのがあるから止むを得ない。だが、石森さんはどんな仕事も、それこそこちらがあきれるほど一生懸命であった。

その石森さんでさえ、まるっきり弱音を吐いていたのがその時のモッコ仕事である。「随分ときつい仕事ですね。いつもこんなんですか」と、立ちんぼをやってまだ日の浅い私が訊くと、石森さんは大粒の汗を手ではらいながら「いやいや、こんなモンはめったにやんないよ。第一、こんなひでえとわかってたら来なかったよ」と、ぼさっと応えた。

今からもう十七、八年前のことで、私より十歳ぐらい上だったから、生きていれば五十歳ぐらいのはずである。初め、出稼ぎで山梨から上京し、飯場で土方をしていたらしいが、土方仲間に誘われて初めて行った競輪で大穴を当て、それからというもの稼いでは全部競輪につぎ込み、とうとう何年も帰るに帰れなくなってしまったらしい。実家には母が一人いる、と言っていた。

二つ目は横浜駅にある相鉄ジョイナスビルの工事現場でのセメント運びの仕事である。

その時は弟の覚と一緒だった。全国あっちこっち流れ歩いている弟が、たまたまその時私の所にいて、二人で立ちんぼから行ったのである。

次々と資材置き場に着くトラックから運転手がのべてよこすセメントを、肩に担いで降ろし下に積んでいくだけの作業なのだが、何せただの数ではないのだ。そこの管理人はどこかの会社を定年退職でもしたような感じのジイさんで、一服時「いやあ、肩がはずれますね」と、本当のことを言うと、およそ関係のない人なのに「悪いねぇ、実はセメントは五人頼んであったんだが、現場のほうが人数足らなくて三人回されてしまってね」と言った。

昼時、缶コーヒーを呑んでる弟に「サトル、逃げっか」と向けたら「んん、でも今までやった分も、せばパァーだべ、ばがくせえからな」と応えた。

弟はそれからまたすぐ放浪に入り、今から八年前、大阪の西成地区から行った飯場の近くで自殺した。

もう一つは三十歳を少し過ぎてから行った仕事である。

立ちんぼは久し振りであった。それまでの間に、歌の仕事が少しは忙しくなったり、LPレコードを九枚出したり（まったく売れなかったが）ラジオのディスクジョッキーをやったりして食いつないでいたが、いざダメになると、私にやれることと言えば、労務者しかないのである。

人間関係がからっきしダメで、それでもしおらしくどっかに首を突っ込んではみるのだが、すぐ見えすいたように破綻してしまうのだ。

いよいよ覚悟して出掛けた立ちんぼで、別に昔のことを忘れていた訳ではないが、きつい仕事といっても何も命まで取られる訳じゃなし、と少し高い賃金の仕事を選んだのが、いけなかった。

現場は伊勢原にある東海大学の病院で、その基礎工事のパイプを片付けるのが仕事であった。地下室ででもあるのだろうその地中深く掘られた百ほどの穴に無数の鉄パイプがゴロゴロと散乱していて、その穴から地上にいる人へパイプを一本一本つかんで渡す、という単純な肉体労働なのだが、次の工事が迫っているらしく、仕事をせかされた上、さらに二時間ほど全員残業をさせられた。

半ば腐りかけた臭いのするうすっぺらなシャケとタクワンとボロボロの米飯の、配られるだけまだマシ、というような弁当を食べる時、指が石のようにガチガチと固まり箸を持てなくて、メシに水をぶっかけ一気に胃に流し込んだ。

五十人ほどいた労務者の大半は、黙々と黒い森のように、それでも弁当にかじりついてはいたが、私と同じように何人かは弁当に水を入れていた。それでも食べられなくて、作業所のゴミ箱に力いっぱい投げ棄てる者もいた。

仕事を終え、マイクロバスで現場から一番近い駅に送られる時、解放感などという感情とはおよそ遠い、人ごこちも何もない、汚れた一枚の布っ切れのような気になった。

　ただ、生きているのが不思議だった。

　仕事の終わる寸前に踏んでしまった釘のせいで足の裏がズキンとしたが、それとて大して気にならず、むしろ、それだけが随分とか細くなってしまった己れの肉体の唯一の存在証明のようで、ありがたい気がすると同時にどうしようもない愛おしさがこみあげてきた。

　そのようにきつい仕事の後は決まって、アパートへ真っすぐ帰る気になれず、今にも破裂しそうな身と心をズルズルと引きずり、あっちこっちうろついた。

　仕事帰りのサラリーマンや年相応に夫々(それぞれ)着飾った若い群れの中を、何のあてどもなく、ただただ犬っころのように歩くために歩いた。

　ポケットに入ったもらったばかりの労賃でウイスキーのポケット瓶を買い、安食堂でビールを注文し、人の目を盗んでビールの中にウイスキーを注ぎ、グビグビと一気にあおり、またほっつき歩くのだ。

　私は若い時からカラダには自信があり、飯場生活も何度か経験し、いろんな種類の日雇いをやってきたが、それでも時々、骨格までもがガタガタになる仕事に運悪くあたってしまうのである。

日雇いは気楽さゆえやっていたが、そんなきつい日にゃ、よりきつい酒をあおり、一気にどこまでも行ってしまいたくなる。

明日どころか、すぐさきのそこまでさえおぼつかないのである。

私は石森さん以外、労務者の友達もいなかったし、またほとんどの労務者がそうしているように無口を通し、暗黙の了解であるどこの馬の骨でもない人間であったが、酔いにまかせてふらふら歩いている時、労務者に会ったりすると、一瞬どうしようもなく感傷的な気分に陥り、走り寄りたい衝動にかられる時があった。

現在とは過去と未来の確認の手だてであり、ヒントではあるが、それをうっちゃった人間にとっては、今という今さえ一歩一歩消え入るのである。

「生きていることとか死んでゆくということは屁みたいなどうでもいいことで、ウンコみたいに生まれてきて死んでゆくのである」というようなことをアイロニーたっぷりに語っていたのは故深沢七郎であったが、意味などということでその生活を語る時、それは単なる口実にすぎない。

川崎駅の東口から日進町にあるドヤ街をめぐり、貝塚を通り堀之内を横切り、労働会館の脇の富士見公園へ。

ここはアオカン（あぶれた労務者が野宿すること）のメッカで、夏場だけではなく冬でもいつも何人かはいる所である。

一週間ばかり歩いた時も、その公園の常夜灯の下に、凍えたカラダを震わせながら畳み、ケモノの化身でもあるかの如き自己を眠らせようとするカタマリがそこかしこに何個かあった。

公園の隣は川崎球場で、その隣が市立図書館、教育文化会館である。川崎駅から真っすぐ延びたその大通りは区役所や裁判所など、市の機関の中枢がある所である。

街灯に眩ゆく浮いたうす黄緑色の銀杏の葉を見上げながら小雨の中を歩いてゆくと、教育文化会館の一角に毛布にくるまり、枕元に紙袋と長靴を置いた一人の老人に会った。

「オヤジさん、一杯やるか」と、声をかけると、「ああ」と、目を細めて体を起こし頷いた。

何を訊いたところで、すべてはこちらのスケベ心とゲスな感情が浮き彫りになるだけである。

六十四歳になるそのK老人は、川越出身であっちこっちで働いた後、現在の浮浪者になり、もう二十年経つという。紙コップを持つ手つきが変なので、見ると指が三本ないので、「どうしたの？」と、訊くと「鶴見の鉄工所で働いている時、失くした」と、ボソッと言った。

訊いたところで、どうしようもない話だが、「肉親は？」と、向けると「鹿島田に弟の子供が居るけんど、もう二十年も前のことだから」と、それをそらすように二本しかない指でイカのくんせいをつまむともなくつまんだ。

突然スウッと立ち上がり、ハダシのままアスファルトの道を小走りに行くので、一瞬どうしたのかと思ったら、銀杏の木の下で通りに向かって小便をした。

動作があまりにも軽く六十四歳にはとても思えない。「元気だね」と言うと、照れ臭そうに立派な白ヒゲをたくわえた口元をゆるめる。

夜更けの雨まじりの風に何度かジャンパーを羽織りなおすK老人に、「これからが大変な時期だね」と言うと、「やっぱしなあ」とあらぬ方向を見すえるように、こもごもとした口調で返してよこした。

酔ったところで帰るアパートのある私の甘ったれた感傷からか、その言葉には「どこの馬の骨」から「どこ」をはずした人間の絶叫が今しも聴こえた気がした。

詩篇Ⅱ

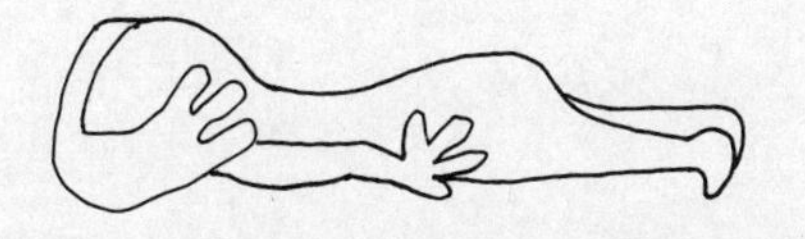

神楽坂「もきち」

行きつけの
神楽坂の『もきち』で酒をあびるように酌みながら
女にあいたいと思っていた

その夜は
夜よりも暗い眼で
何かを差すようにまさぐり
嬌声だけが
下半身をなくして空を奔(はし)り廻っていた

オレは

堕ちる
どんどんどんどん堕ちる
堕ちるほどに叫び
叫ぶほどに乱れ乱れて
やがて
ワラ束のようにふわりと軽くなって行った
故郷からも己からも一番遠いところで
ぷちんと今何かの回路が切れた気がした
それは
馬の過去の嘶き(いなな)の余韻のようでもあり
苦しい大きな花びらの揺れのようでもあった
口惜しいことも
歩き始めてしまったこともほっぽり

表（おもて）へ出ると
見覚えのある女が
地面に頭をこすりつけて鬼になっていた

藤荘12号室

引っ越しだ
敗れもののごとき頭髪を振り
引っ越してゆく

去来するものみな
おぼろげな顔をして消え
何万年も駆け続けて
辿り着いた
光の面持ちを
今初めて
見せるかのようだ

靴をはき
からっぽになった二階の
十二号室を見上げ
思わず手を振る

ふと
新しい風がすでに流れ始めた
その部屋に
今まだ親しい知己らが居残り
酒盛りでもやっているような
幻覚におそわれる

横で
自転車のブレーキの音がし
挨拶すらかわしたことのない
塗装屋の若い青年が

いつもそうしていたように
口を半開きに開け
立っているのが見えた

もう何も起こらない
起こりようがないのだ
と思い始めたら
私の現在が急に
重さをうしない
やがて喚声のように一瞬
空に立ちこめ
どこまでも
高くあがっていった

ユメの雪

何かごそごそと
やっていたのか
ただうずくまっていたのか
あの人達は誰だったのだろう
ユメの中の雪明かりの道に
見えかくれしたあの影は

私はその時
ヤクザに追われていて
わずかな命が惜しくて
逃げまどっていた

いつか山に居て
ヤブをこぎ
沢を渡り
己を殺す修験者をなぞり
葉脈のような自我を脱いだ

在らんとする意志すら持たずに
かつてでもなく
これからでもなく
ただ肉のひとかけらとして
眼にみちびかれていた

気付いていたことは
ユメであるということと
そこに雪が降っていて
妙にわくわくしていたということである

時にはたと振り返ると
歩いてもいない街並に私は佇ち
深い休息をする

雪空はいつの間にかあがり
すべてのものになり変わったかのように
蒼乱のほほえみをする

鳥たちや
木々たちが
その心臓のあたりを
行き来し
約束ごとでも交わすように
万感に華やぐ

ひと口喉をしめすものが欲しくて
ふたたびうろつくが
もう得られようもない
せめて酔いがあればと思うのだが
こちらから差し出す手は
とっくにかさついている
先程降り積もった雪をかじろうとも思うが
余計に喉がヒリヒリする
という知恵だけが
その時私の知っている
ただひとつのことのようであった

ヤクザの名前はシゲルで
私の友人である
引き合うものが何もない
というだけの私の逃亡であり

彼の追手である

いつかつぎはぎだらけの
ズボンをはき
洟をたらした二人が
湖北小学校の誰も居なくなったグラウンドで
暗くなっても眼をこらし
どちらからさがることも出来ずに
「たまっこ遊び（ビー玉）」をしていた

何も言わずに別れたような気もするし
大人のようなあっけない会話で——
いや忘れた

闇の中の四つの眼玉以外のことは
何もなかったのだ

何かごそごそと
やっていたのか
ただうずくまっていたのか
あの人達は誰だったのだろう
ユメの中の雪明かりの道に
見えかくれしたあの影は

逃亡を断念した時
追手のエネルギーもまた絶え
その接点は消費される

私のなかの
寄るべなきものが
今あの影に紛れ添い
はかなきものにうつつを抜かす

幻想をする
唄えや踊れの日々のあらんことを
切に思う

空を遊ぶ――弟覚（さとる）の七回忌に

その自由だけ残されて―
まだ経験も私にはないのだが
死ぬ喜悦というものも
人間にはあるやも知れぬ

十月三十日
サトルの七回忌
ひょろながい風が
チョンと佇（た）ち
こちらを見ている

ひからびた石が七個
舞踏を忘れた踊り手のように
いじましくある
殺意の被膜として拡がる
八竜の空
その空の中に
もう一枚の空が
貼りついている
何やらのケモノの様相も
一瞬みせるが
定かではない
溜息のような
寝顔の白茶けた記憶のような
否

恋愛の入口のような気もする
私とて
何かを必死で
こらえている気もするが
そのような感情というのはまた
いい気なものである
狂ったように何かをやったことのない
それは
人間のおごりである
日々新しい事物で部屋をおおわなければ
忘れることも出来ない
魂の老いである
いつか

サトルと走った
旧国道七号線をゾロゾロと
古ぼけた人達と
線香をけむして歩く

墓が立派なのか
二百万円が立派なのか
愚かなことでくつろいでいる
列席者の中の
金歯と銀歯が光る

人生には長いも短いもない
百年とて一年とて
あればあっただけのことである

あくせくと失ない
ぼおうと失ない
そしてそこにまるでのように
居るか居ないか
だけのことである

サトルは
確かに悩ましい時節では
あったかも知れぬ
昏の痛い朝を
経験していたかも知れぬ
しかしそれは
サトルのどこぞから出た
失ない方であり
居続けることのひとつの
決着のつけ方でしかない

サトルの口グセは
「オレは年喰虫だや」
であった
それからすると
死、とは腹いっぱいの眠りである
ゆるやかな帰結である
死体とてサトル自身のものである

菊のあざやかな黄色に向かって
羽虫がとぶ
ぶつかっているのか
ざれているのか
それは
もう一枚の空のカタチをしている

限りないものに今しも
私から私がほどけてゆく

空と遊ぶ
空にいろんなものを放つ
たとえば、を放つ
沢山の、たとえば、を放つ
愛憎だって放つ
一番すっとぼけて遠くへとんでゆくのは
サトルの
死、である
そしてその死をコロコロと
もてあそんでいる私の生(せい)である
遊ばれて空は空で
ビサーン、と音を放つ

ああ
この音が
サトルの通夜の晩の
私のハダカ踊りには似合う
ビサーン！
ビサーン！
バカな連想もまた
生きている由であろう

花々の過失

2つか3つしか
実の残っていない
柿の木の下に
しゃがんでいた
空の声がまっさかさまに
落ちてきた

私はロングピースを
指にはさんだまま
火のように赤く熟んだ
柿をみていた

空は柿に射抜かれ
心地良さそうに少しもだえた
ここから明日かあさってのことは
とてつもなく遠い

2つか3つしか
実の残っていない
柿の木の下に
しゃがんでいた
空の声がまっさかさまに
落ちてきた

花も花も
私とて
夢だにのことに

つい今しがた
白いものを
沢山抱えこんだ
ばかり

天穴

おのれのカシラのてっぺんにある
天穴（てんけつ）からなかを覗いてみると
何やら訳の判らないものが
うじゃうじゃといる

ギザついた葉のように細く青いのやら
妙に整然ととりすましたのやら
桃色のビラビラしたものまで
ことこと鍋の中で煮えたつ野菜のように
賑やかこの上もなきありさまである

なかでもとり分けて騒々しいのが居て
どうやらそれがどこぞで聴いたことのある
イノチ、という奴らしい
みると、それがまったくもってすばしっこくて
こちらが気に止めていないと
そこいら中にあらわれ
さて、みよう、と思って眼をやると
それが今度は不思議なことに
もうどこにも居ないのである

武蔵野日赤病院四百五十号室

脳天の脳が
溶け出してゆくことを
夢想しがちなのは
まやかしくカラダの芯にある
私信然とした律動が
たわんだせいであろう

武蔵野日赤病院
何ともうとい
時間のソデに
からまるように

私は寝呆けていて
白い壁に
ひしがれたように埋められた
幾千の
必在の人声をきいている

四十一度の高熱で
全身けいれんをおこし
救急車で運ばれた子が
四百五十号室に居る

入院してからも
日に二、三度
平熱から突然
四十一度前後まであがる
最初ブルブルとふるえ

アゴをがくつかせ
身をまるめる
毛布を何枚もかぶせ
足元に電気アンカを入れる
熱が上がりきったところで
今度は暑がり
毛布をはぎとり
アンカをどかし
氷枕と氷のうをやる
坐薬とけいれん止めの薬で
かろうじて一歩を
踏みこらえる
汗ひとつかかない
突然の高熱も
恐怖は恐怖だが

熱が下がり始め
今さっきの騒動が
まるでなかったかのような
ぽっかりとした静寂の時の
子の眼と言葉は空おそろしい

眼から子が消え
不思議な力をたたえた
冷たさに一瞬なり
眼球が狂うのである

「おとうさん」
「何」
「たこさん、死んじゃったんだよね」
「…………」
「どうして死んじゃったんだっけ」

「海で」
「およげなかったの」

いつだったか
たこさんと私と写っている
写真を見せながら
少し話したことがあるだけである

「おかあさん来てるよ」
「どこに」
「そこに」

宙の一点から
眼を離さずに
子はぽつりと
確かにそれは

子には
見えているに違いない

脳波とＣＴの検査では
高熱のため
脳波に少し乱れはあるが
大まかに異常無しである

ある夜
病室のカーテンを少し開け
暗い外を見るともなく見ていたら
背後から
「ワアッ」
とおどろかされた
「どうした」
と振り向くと

点滴のビンの揺れる中に
半身を起こした
彼が居
眼を狂わせていた
「エイト、大丈夫か」
「…………」
バカな親は、その後、花札のオイチョカブのことをずっと考えていた。
最初の部屋が四百六十号室で、ブタであり、移った今が四百五十号室だからカブである。
エイトはそのままオイチョであり、私の誕生日は二月十六日でカブである。
今、子が狂わんとしている時でさえ、バカはバカである。

犬の帰り道

ぼそっと
何か
障子の隅で
つぶやいたと思って
そちらへ顔を向けると
父と母が立っていた

私は刑事のように
腕時計に目をやり
時をそらした
台所の外の

八ツ手の葉がバサバサ揺れ
私はまるでその葉脈にでもなったかのように
時に怯え
父と母を再び見ることが出来なかった

腕時計は
私の集団就職祝いに
買ってもらったのだが
光も重さも何日たってもなじまなかった

腹が異常にふくれあがる病気になった
イシという名の私の犬は
いつの間にか居なくなっていた
近くの天保山（てんぽやま）に伯父が棄ててきたらしい
「典司（てんじ）、イシは病んでだがらよ」
と、私の育ての親の伯父に言われた時

「んだな」
　と、私は答えた

私は能代工業高校の建築科卒業だが
その方面へは進まず
浅草の洋品問屋に就職を決めた
近所に住む
中学を出てすぐ大工になったヒロアキに
教科書を渡し
犬の道を選んだ

東京タワーにあこがれていたのだ
チャラチャラとしていて
通夜の村人のようにかしこまっていて
何もなきがごとしに思いきや
さてさあ

さもありなんに
絵を描くことより
絵の具そのものを見るのが私は好きである

意志でも万全に用意されたかのように
待たされた苦痛にそれらは
まばたきをしているのだ

具のまばたきという言い廻しも
何とも可笑しなものだが
犬はどうだ
犬としてならどうだ

もうよそう
明々とした中にスックとある闇の問答に

私だけはいつまでも
あり続けようと思ったけど
それは
もうおしまいだ

よわい四十三
このトシになってようやく
詩句は
それを産み出した者の背にあったことを知る

何のプライドもない
軍艦マーチで結構である

空

VIII

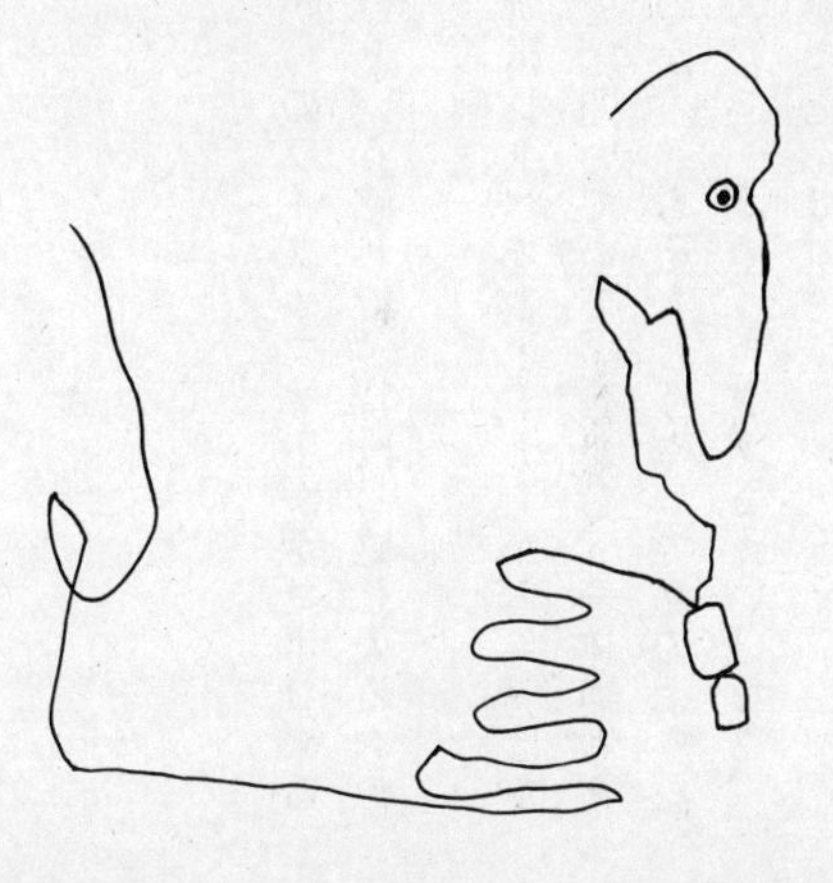

欧米七カ国・一人盆踊り出たとこ勝負

どういう因果か、五十歳を過ぎた頃から海外からのライブオファーがポロポロ来るようになったんですよ。初めは「ほう、外国ね」という感じで。特段、感じ入るものもなかったんですけどね。

一応、事前情報というんでしょうか、当時の所属レーベルのオーナーから「実は友川さんのCDは外国からの注文が多いんです」とは聞いていて。しかし、一体何考えて私みたいな面倒な者をわざわざ呼ぼうというのか。そもそもどうやって私のような無名歌手に辿り着いたのか。疑問符だらけでしたし、「まぁ、ギャラさえいいなら、ちょっくら行ってみっか」程度の気持でしかなかったんです。

最初はスコットランドかな。仕事はもちろん、海外に行くこと自体が初めてのことでしたし、生涯行く機会はないと思ってましたから。プライベートでも旅行とか物見遊山とか、全くと言っていいほど興味がないタイプでしたし、外国の土を踏むという発想そのものがなかったの。だから、不安はあっても期待というのはさほどなくて。ただ、若い頃に読んだ本に小田実の『何でも見てやろう』というのがあって、そこまで立派な問題意識や好奇心じゃないんだけど、私にも「どれどれ」っていう、ちょっとしたスケベ心はあるにはあった。自分で自分を外国に立たせてみる、っていうね。

どうあれ、初めて降り立ったヒースロー空港で、いきなり大トラブル。文字通り、門前払いにされかけたんですよ。この時はマネージャーの大関君との二人旅でしたが、とにかく彼とはぐれないように、私はそれだけで精一杯でした。ヒースロー空港ではスコットランド行きの国内便に乗り継ぐ予定だったんですが、ところが入国審査でいきなり引っかかって。大関君と空港の職員が押し問答してるんですよ。

揉めてることだけはわかるんだけど、向こうが何言ってるか私には全然わからないし、状況も摑めなくて。ビザの問題だったんですけどね。就労ビザの取得と発送が遅れて、私たちの手元には主催者からＦＡＸで送られてきたコピーしかなかったんです。そしたら、入国審査で「原本じゃなきゃダメだ」と言われちゃったらしくて。乗り換えの時間は迫ってるし、大関君は焦ってるし、私は意味わからないし。向こうもかなり強情で、「このまま日本に帰れ」という態度でしたから。

とりあえず大関君に状況を説明してもらって、まずは自分が歌手なんだということを証明せねばならないと思って。物販用に持ちこんだCDを見せたり、いろんな手を尽くしたんですが、全然信用してくれない。遂に「ええい」と思って、手元のギターケースからギター出してその場で歌おうとしたら、大関君に「かえって面倒なことになるので、やめてください！」って制止されちゃって。確かに、あの場で歌ってたら即座に強制送還されてたかもしれない。「ホラやっぱり、歌手じゃない」って。

小一時間もかかって、乗り継ぎ便の出発間際になって、ようやくOKが出て。二人で空港の中を猛然と走って、何とか国内線のジェット機に駆け込んで、着席した瞬間に離陸ですよ。

それで、なんとかグラスゴー空港に着いたら着いたで、迎えに来ているはずの現地スタッフが来てなくて。唖然としましたね。無名歌手は海外でもこういう目に遭うのか、と。壮大な猫騙しにあったような。大関君がしびれを切らして主催者側に電話してみても、向こうのスコットランド訛りがあまりにひどくて会話にならないらしいのよ。結局、一時間ほどしてようやく迎えの人が来たんですが、この男が全然悪びれないというか、謝るでもなし、やたらニコニコして「ハロー」とか言っちゃって。こっちも日本だったら軽く悪態つくところなんですが、「やっと来たか」という安堵感が先行して、怒る気にもならなくて。そもそも怒鳴りたくても、英語喋れないし。

ライブ開催地のスターリングは田舎っぽい感じのする街で、会場は古い建物でした。そのイベントには私以外にも灰野敬二とか、日本のミュージシャンが何組か出演してました。お客さんは二百人くらい入っていたかな。

招聘に尽力してくれたのは、アラン・カミングスさんという日本文化の研究者の方です。今はロンドン大学で先生をしているそうですが、それまでも私の歌詞を英訳してCDのブックレットに載せてくれたりしていたんですね。で、ステージでも初めはアランさんが曲間で私の歌について説明めいたことを喋ってくれていたんだけど、その「間」がどうにもシラーッとしてね。途中からアランさんに「もういいです」って言って、あとは歌だけバーッって歌って。出番は短かったし、どうにか勢いで乗り切った感じでしたね。

これは、ある意味で凄く勉強になった。というのは、日本では曲間のMCであることないことベラベラ喋ってますけど、必ずしも必要ないんだな、と。つまり、ライブに関して言えば、言葉が通じなくても何とかなるもんだと。とりあえず主催者に軽く紹介さえしてもらえればね、あとは勢いで。ただやっぱり、「つかみ」は必要。それは現地の言葉を喋れる人に頼るしかない。いきなり俺の歌を聴かされても、お客は追い剝ぎに遭ったようなもんでしょうから。その辺の塩梅っていうのかな、この時の経験が後の海外公演でも活きてると思うんですけどね。

自分ではあまり手応えはなかったんですが、アフターパーティーでお客さんたちに「良かったよ」みたいなこと言われて、ついついのぼせちゃって。酔っ払ってホテルに戻ったら、急に日本にいる友人知人に片っ端から電話したくなってね。ふざけて国際電話かけまくって、「もしもし、こちらイギリスの友川ですが」とか言って。その辺りがイナカモノの面目躍如たるところなんですよ。

初めて海外に行ってみて感じたのは、「ああ、もっと若い時に来るべきだったなぁ」ということ。移動していないと考えられないことってあると思うんですよ。動いていると、ボンヤリとでも体の中に生まれてくるものってあるのよ。言葉じゃなくても。それが大事なんですよね。その後もいろんな国に行くことになりましたけど、いまだにその時の感覚というか、情感というか、残ってますね。二度目の海外ツアー以降、できるだけ息子たちを帯同するようになったのも、そういう実体験からなんです。

つまり、外国に立つと、とんでもなく「見えて」くるんですね、自分が。意識せずとも自分を俯瞰で見ている感じがするの。日本にいると、どこまで行っても所詮ニッポンだから。立脚点に大差ないのよ。言葉は通じるし、食い物だって大きくは変わらないし。風景だったり、季節感だったりが多少違うだけで、全く「異」なるものを知る、皮膚が裏返るような感覚を味わうというのは、外国に行ってみないと、まずない。

だから、私も齢五十を過ぎて、遅まきながら「自分とは何なんだろう？」とか、「日本って何なんだろう？」みたいなことを考えたりもしたんだね。ボンヤリと。

融通が利かない、ということも実に新鮮でしたね。日本国内であれば、仮にトラブルやアクシデントがあっても、心のどこかで「なんとかなる」って思ってるし、実際どうにかなる。私も仕事で相当な田舎とか過疎地にも行ってますけど、多少の不便はあっても、「どうしたらいいかわからない」ということはまずないから。

スコットランドから帰国したとき、成田空港の外で大関君とタバコ吸ったのよ。その辺の大きい石に座って。その時、「帰って来たのがもったいない」という気持になったんですね。それで大関君に、「このまま、またどこかに行きたい感じしない？」って言ったりして。自分が変わったんだね、どこかで。「また何かコトを起こしたい」みたいな。

よく暇さえあれば外国ばっかり行ってる人いるでしょ？　私にはあれが不思議だったんだけど、その時ちょっとわかった気がした。感覚として。自分が収まりきらないのよ。もっともっと危なっかしい場所に立ちたいっていう、妙な感じですよね。不安が楽しくなってくるのよ。言葉が通じない快感、っていうか。喫茶店でコーヒーひとつ注文するのもドキドキするし、「刺されるかもしれないど」「燃やされるかもしれないど」っていう変なワクワク感があるわけですよ。

それもやっぱり、表現者の端くれだっていう自意識が、良い悪いを別にして、自分のなかにあるからなんですね。危なっかしい場所を自分自身で作り出すのはかなり才能が要るから。実はそれはステージに一番あるんだけどね。「暗黙の了解」が通じないという緊張感。外国に行くと、簡単にそれが実感できるのよ。そこに自分が居さえすればいいんだから。私みたいな英語のできない人間は、特にね。

次に海外に行くことになったのが、その三年後。フランス、ベルギー、スイスの一都市を二週間くらいの日程で車で回るというツアーでしたね。

これはね、辛かった。本当に辛かった。

そもそも日程を詰め込み過ぎたということが大前提としてあって。ある程度まとまった収入を得るには、そうしなければならないという事情もあったんですけどね。

段取りをしてくれたのはミッシェルというフランス人の男性で、当時は郵便局員をしてました。彼が長期休暇を取って、ブッキングから宿泊の手配、ワゴン車の運転まで全部一人でやってくれて。高速道路を十時間くらいぶっ続けで走行したりもしました。彼一人で三人分くらい頑張ってた感じするよね。彼が偉いのは、私たちの前で疲れた様子を一切見せないのよ。ある意味、日本人より日本人的な人でしたね。

だから、私も疲れた顔は見せられなくて。日本に帰って来てから二週間寝込みましたけどね。さすがにこの時は、「このままどこかに行きたい」とは思わなかった。とにかく眠いし、日本食が恋しくて。

食べ物が合わない辛さを本格的に味わったのが、この欧州ツアーでした。この旅での食事にまつわる不幸な思い出については方々に書いたり喋ったりしてますけど、とにかくなにもかにもが口に合わなくて。パンは不味くはないけど飽きるし、ステーキはタイヤみたいだし、エスカルゴはただひたすらションベン臭いし。

飢餓感というより、もはや絶望感。途中からジャケットの内ポケットに醤油の小瓶を入れて、何にでもかけて、無理やり胃に流し込んでましたが、何を食べても何かが足りないわけ。塩分だったり、汁っ気だったり。米が食いたいし、あとはやっぱり味噌汁ね。最初の公演地では三上寛、灰野敬二らと一緒だったんですが、彼らは日本からインスタントの味噌汁を持ち込んでて。有り難そうに食べてるのを見て、「何を味噌汁ごときを大層に……」と鼻で笑ってたんだけど、なんのなんの。私も時間の問題でしたね。とにかく、日本のダシの感じが欲しくてたまらなくて。

唯一、ストラスブールの街で見つけたスパゲッティ屋だけは美味くて、大盛りを頼んで同行の若いスタッフたちと奪い合って食べたのを憶えてます。

ライブの集客も、入ったり入らなかったりで。リヨンの船の中でやったコンサートは十人足らずしかお客がいませんでしたよ。全然テンション上がらなくて、参っちゃいました。ブルゴーニュに行った時は、ちょうどハロウィーンで、仮装しためんこい子どもたちと遊んだり、移民の男と酔っ払って大騒ぎしたり、楽しいことも沢山ありましたけどね。パリでは開演前に美味いワインをガブ飲みして泥酔してしまい、相当ひどいコンサートやっちゃったり。

宿泊場所も民泊だったり、ライブ会場だったりで、必ずしも歓迎されてない感じもしたな。スイスでは学生寮みたいなところに泊まったんだけど、マットレスに毛布一枚しかなくて、めちゃくちゃ寒くてね。それで、そこでルームシェアしている女の子が椅子に座って文庫本を読んでたんだけど、私の顔を見るなり「カキノタネ！　カキノタネ！」って騒ぎ出したのよ。最初は意味わからなくて。多分、前に泊まった日本人がお土産に柿の種をあげたんだろうけど、私が申し訳なく「ノー」って言ったら、急に不機嫌になっちゃって。キッって踵を返してどこかに出て行ってしまったのよ。寝具は借りられなくなったし、寒い部屋でマットレスの上に座って、ただ呆然として。その他にも、大なり小なり辛い経験の連続だったんだけど、詳しくは忘れたというか、忘れるようにしていたというのが実際のところでしょうね。多分、本能的に。思い出すとまた辛くなるから。だから、数年経って初めて「あんなこともあったな」って、少しずつ思い出せるようになったの。それって「確か」な思い出なんですね、中途半端な思い出じゃなくて。必死にそこにいた、という感じ。ある意味では拉致されたとも言えるけど。ま、望んで拉致されたわけですしね。ミッシェルに委ねるしかないという諦観なんだけど、今思い返しても、ちょっとおかしな気分になるね。

まぁ、身も心も疲弊しきりましたけど、何とかツアーの日程をこなして、空港でミッシェルと別れる時には、解放感と感謝と淋しさが混在した複雑な気分になりました。いや、正直に言えば、解放感が一番大きかったな。帰国の途上、経由地の仁川空港の食堂で辛いラーメンみたいなやつをみんなで食べたんだけど、これも激しい奪い合いになりました。汁が美味くて美味くて。軽く泣きました。

このヨーロッパの旅があったからこそ、ある程度の免疫ができたというか、海外でも少々のことではひるまなくなりましたね。まず食事には一切期待しなくなったし。とはいえ、毎回それなりにダメージは受けるんですけれども。

二度目のイギリス公演、この時はグラスゴーとロンドンでライブをしたんですが、やはり食では何度かひどい目に遭いました。グラスゴーに着いた夜に入った中華レストラン、これが地獄で。まず、店員が地べたに座ってスマホかなんかいじってるの。食事はいわゆるバイキング形式だったんですが、あらゆるものが死ぬほど不味くて。どれも冷めてるし、使い回しっぽいし、サラダなんか三日前に作ったような感じで。

それで頭にきて、ホテルに戻る途中、口直しにテイクアウトのピザ買ったんだけど、これがまた衝撃的な不味さでさ。ただの「粉」でした。スタッフ全員、路上のゴミ箱に思いっきり叩きつけましたから。あのフィッシュ・アンド・チップスってやつも、臭くてねぇ。油が臭くて。やっぱり、イギリスは住めないなと思いました。言葉はもとより、舌だけはね。この歳になると、どうにも慣れませんね。

グラスゴーではちょっと冒険したりもして。明け方に一人でホテルを抜け出して、マクドナルドに行って一人で英語で注文して、店員に通じるかどうか、試してみたんですよ。自分ではチーズバーガーとコーヒーを注文したつもりなんですが、なんか全然違う巨大なハンバーガーが出てきました。苦笑いしましたけど。そしたら、酔っ払った移民風の男が店にやって来て、他の客と何か大声で口論し始めて。その光景も印象的でした。今、世界各地で移民問題がクローズアップされてますが、そのごく一端を垣間見た感じもしましたね。

その後、タバコ吸いながら街中をぶらぶら散策して、川を見に行ってね。霧雨のなか、鉄橋の下のライトアップが非常にきれいで、水鳥がパーッと飛び立ったりしてさ。この時の情景は「兄のレコード」という曲の中で歌っていますが、日本にいるとああいう感覚にはまずならないだろうな。あのシチュエーションだからこそ、あの何とも言えない不思議な感覚になったっていうか。あと、街中で中学生くらいの明らかにクスリでラリった少年少女に絡まれたりもしたな。

このイギリスツアーでは、もうひとつ、忘れられない出逢いがありました。これは『独白録』でも詳しく語ってますが、リオネルっていうフランス人のファンとの交流ね。実はフランスのライブにも来てたらしいんだけど、グラスゴーのライブ会場で、初めてしっかり出逢ったんですね。

まず、外見的なインパクトが凄くて。太ってて、禿げてて、なんか遠目にもハァハァ言ってるし。初めはニヤニヤしながら遠巻きにこっちを見てたんだけど、私のサインが欲しいって言うんで、軽くコミュニケーション取ってみたら、もうすぐに数十年来の知り合いって感じになっちゃって。私の周りによくいがちな、全く人の話聞かないタイプ。こちらが全然英語わからないのに、ずーっと何か喋っててね。多分、自分のことだけなんだろうけど。訊いたら仕事はしてないらしくて、「世界一明るい無職」って感じで。「ちょっと危ないなぁ」と警戒しつつも、LPやらCDやら、私のグッズはほとんど揃えて持って来てるし、どうも邪険には扱えなくて。もうキャンキャン言っちゃって、ライブもほとんど一人で彼が盛り上げてくれてね。周りの観客も巻き込んでさ。私は「聴いてる方も表現者だ」って常々言ってますが、まさに彼のやってることは自爆テロ。それって表現の本質でもあるのよ。最初は「レオナルド」だと思ってて、私もそう呼んでたんだけど、彼は否定しないし、かなり後になって実は「リオネル」という名前だと知ったんです。打ち上げでも私の横に座って、ニコニコしながら延々と喋ってました。彼とのエピソードは、また後ほどお話しします。

ロンドン公演は、郊外にあるｃａｆｅ　ＯＴＯという場所でやったんですが、観客がみんな真剣に聴いてくれてる感じがして。結構人も入ったんですが、シーンとして聴いてくれましたね。グラスゴーもそうでしたが、物販のCDが開演前からメチャクチャ売れたりして。びっくりしましたね。「ほう、何気に需要あるんだな」と思って。宿はインド人が経営している古ぼけた連れ込み宿みたいなところで、ベッドとか家具の造作が妙にそれっぽいのよ。構造がやたら複雑で、迷路みたいでさ。誰かがどこかで怪しい取引してそうで。もちろん全館禁煙なんだけど、無理やり窓をこじ開けてブカブカとタバコ吸ったりしてさ。中学生の修学旅行みたいで、妙に楽しかった。後にCDのジャケット写真を撮ってもらうことになる写真家の瀧澤明子さんと偶然知り合ったり、アランさん夫妻と旧交を温めたり、ロンドンでは他にも色々と良い思い出ができました。ここでも、メシは実に不味かったですけどね。最後に行ったベトナム料理屋の麺料理が多少食えたな、といった程度で。

さらに近年になって、ウクライナ、ドイツ、そしてアメリカと旅して回りました。ウクライナはいろいろと衝撃的でしたね。貧乏旅行なのもあって、都合四回ほど飛行機を乗り継いでようやくキエフの空港に降り立ったんですが、まず入国審査の係員が軍服を着た人たちで。あれも初めての経験でした。キエフは思いの外大都市だったんですけど、タクシーで移動していても、道沿いに志願兵の募集看板が林立してたりしてね。つまりは、「有事」なんだな、と。

キエフでの食事は結構美味しくて、とにかく何にせよ値段が安いの。ロシアとの係争の影響もあって国内通貨の価値が下落していたんですね。タバコなんかも日本の五分の一くらいか。同じ銘柄でも味は全然違いましたけど。主催者が用意してくれたホテルもやたら豪華で、日本でもあんな立派な宿には泊まったことがないというくらい。

それでね、なんだかんだで一番衝撃だったのは、とにかく女性が綺麗なのよ。ホテルの食堂のウェイトレスにしろ、道ゆく女学生にしろ、いちいち映画女優みたいでね。もう目移りしちゃって。世界中の美人を集めました、っていう感じで。

物価は安いし、美人は多いし、酒は美味いし、実に快適で、逆にライブの入りが心配になったんだけど、いざ当日になってみて、これまた驚かされた。会場は冷戦時代に国立のフィルムセンターだったらしいんだけど、巨大な廃墟みたいなところでね。最初は中規模のスペースでやる予定だったんですけど、主催者が既に四百人も予約が入ってるって言うのよ。行って見たら、それじゃ人が入り切らないというんで、急遽大きい方のスペースに舞台をセッティングし直すことになってね。嬉しいも嬉しいんだけど、同行したスタッフとも「本当に入るのかしら」って。ぬか喜びなんじゃないかと思ってね、どうも信じられなくて。

実際、開場が近づいても客足はまばら。開演前になってようやく、ゾロゾロと人の群れが会場に入って来たのよ。「四百人って、本当なんだなぁ」ってね。そしたら急に緊張して来てしまって。開演前にバルコニーみたいなところで大関君とタバコ吸ってたら、ロシアから何十時間もかけて観に来たっていう夫婦に声かけられてね。「ワルツ」が大好きだって言って、リクエストしてくれて。「よぉし、この人のために歌おう」ってね、凄い激励になった。他にもやけに雰囲気のある老女に黄色い花束をプレゼントされたり、不思議なひとときでしたね。

会場が広い分、あるいは散漫な雰囲気になるんじゃないかと危惧したりもしていたんですが、これも杞憂でした。みんな黙って聴いてて、一曲終わるごとにちゃんと拍手してくれて。アンコールも三回くらいあったしね。曲もある程度知ってる感じがして、「どうしてだろう？」と思ったんだけど、やっぱりこれもインターネットの恩恵なんですね。後で聞いたら、主催者の男性は『花々の過失』という私のドキュメンタリー映画を撮ったヴィンセント・ムーンと知り合いだったんです。ヴィンセントの影響力というのは凄くて、四百人も集まったのも彼の映像の力によるところが大きかった。私はあの映画はあまり気に入ってませんけど、実際そういうこともあるんだな。

同時にやはり、「一歩外に出れば戦争真っ只中」という切迫した空気も街や人に感じましたし、打ち上げで連れて行かれたバーでの若者たちの弾け方などを見てもね。どこか「今を楽しむ」切実さのようなものがあって、そういう意味でもウクライナは特別な感じがしましたね。なにもかにもが、只事じゃないんだぞ、っていう。

ウクライナの後、ドイツのレバークーゼンという街に移動してライブをしました。ライブ会場の屋根裏に宿泊施設が付いていて、ここも快適でしたね。

ただ、ウクライナで調子に乗りすぎたせいか、食べ物ではまたぞろひどい目に遭いました。着いた日の夕方、ライブ会場近くの安いイタリアンレストランに入ったんですが、大関君が頼んだピザの一種類が死ぬほど辛かったんです。「ボルケーノ」とかいうやつで。超激辛の唐辛子がそのまま生地に載ってたんですが、これを不用意にガブリと噛んじゃって。口中火事、なんてもんじゃない。吐き出すにもトイレがどこにあるかわからないし、あまりのショックでちょっとしたパニック状態に陥りまして。ようやく吐き出したものの、水をいくら飲んでも治らないの。大関君始め、同行スタッフのみんなは私の様子を見てゲラゲラ笑ってるんですが、それも頭に来てね。ピザ屋といい、スタッフといい、その場で全員射殺したくなりましたね。

主催者の二人の青年は聡明で実直な感じの人たちで、私たちのために宿舎に瓶ビールをたんまり用意してくれてました。私は普段ビールはあまり呑みませんが、どれもこれも美味しくて、ガブ呑みしました。

そして翌朝。スタッフがタバコを吸いに外へ出たら、そこに見憶えのあるシルエットの中年男が突っ立っていたんです。

なんと、あのリオネルが来ていたんですね。私も一報を受けて早速階下に降りてみたんですが、まさにここで会ったが百年目、という感じで。相変わらずニコニコしてて、無駄に恰幅が良くて。ただ服装はボロボロで、靴には穴が空いてました。懐かしい一方で、「ああ、本当に無職だったんだな」と思ってね。実際、なけなしの金を使って、フランスから高速バスで来たというんです。とりあえず再会のハグを交わして、中に入ってもらって、一緒に朝食を食べました。そしたら食うわ食うわ。なんかパンの種類がどうのこうの、文句っぽいことも言ってるんですが、とにかく遠慮とか卑屈めいた感じは一切なくて。貧乏旅行の極意を垣間見た感じでね、妙に清々しくて。

その後、会場からケルンまでは電車で数十分の距離でしたので、膨大なピカソのコレクションがあるという「ルートヴィッヒ美術館」に出かけました。リオネルは見るからに金ないし、みんなで少しずつカンパしてあげて。電車の中でも嬉しそうにずーっと大関君に話しかけてましたよ。大関君も疲れてるし、ちょっと黙らせようと思って、私のハットを被せてあげたら急に大人しくなって。お互い、変なおっさんですよね。

この美術館がまた、素晴らしくて。スケールといい、所蔵している作品の質量といい、日本の美術館とはやはり桁違いでした。警備もやたら開放的で、日本みたいにケチケチしてなくて、みんな普通に写真撮ってるし。要するに、「事業」っぽくないのよ。良い絵画がいっぱいありましたが、やはりピカソは群を抜いていた。ピカソ展は渋谷の文化村でも観たことはあったんですが、その時とは全然印象が違いましたね。ちょっとした習作的なものにも「恐ろしい才気だな」と思わせるものが沢山あって、逆にダリの大きな作品なんかは全く見劣りしちゃってね。これはモノが違う、と。ナマで観て比べてみると、あからさまなんですね。

実はゆっくり美術館巡りするというのも、海外ではほとんど初めてだったんです。それまではそんな余裕がなかったの。移動して、ライブやるだけで身も心も精一杯だったんですよ。だから、多少は成長したのかもしれませんね。

肝心のライブは四十人くらいしか入らなくてね。音響も良くなくて、テンションを無理やり作るしかなかった。「まぁ、こんなもんか」と。ちょっと、ウクライナとの落差は凄かったですけども。

ただ、ライブ後に外でビール呑んでたら、これまた面白い男に引っかかってさ。パブロという名の青年で、独学で日本映画を研究してるっていうんですよ。メチャクチャ博識で、大河内傳次郎とか、片岡千恵蔵とか、嵐寛寿郎とか、古い日本映画のスターの名前がスラスラ出てくるの。小児麻痺かなんかの後遺症で、独特のしゃがれ声なんだけど、その声で勝新太郎の座頭市のモノマネしてさ。これが似てるのよ。私の歌もよく知っていてね。一生懸命、好きな曲のタイトルを並べてくれたりして。

そうやって楽しく飲んでたんだけど、だいぶ経ってからいきなり、「私はゲーテのひ孫です」とか言いだして。いやいや、ゲーテって、アナタ。「嘘だろう」とも思ったんだけど、別に私に嘘を付く必要はないわけだし、多分本当なんだろうね。いや、変わった人は居るもんだなと。パブロ、また逢いたいなぁ。

あともう一人、ライブ後に興奮して、なんやらスタッフにまくし立てているヒゲのおじさんが居てね。私は全然、何言ってるかわからなかったんだけど、スタッフに通訳してもらったら、「あなたは日本のヴォルフ・ビエルマンだ」って言ってるんだね。東ドイツの反体制歌手なんだけど、実はかなり昔に羽仁五郎さんから「あなたはビエルマンに似ている」と言われたことがあって。スタッフがそのことを伝えたら、彼もさらに感激しちゃって、なぜかガッツポーズなんかしちゃって。可笑しかったな。

そういうコミュニケーションって、日本だとあるようであまりないから。毎回、いろんな人に出逢うけど、忘れられない人って少ないからね。彼らと一緒に酒呑んだこと、忘れませんね。ドイツで良かったのは、だから、美術館と人ですね。あとドイツで忘れられないのは、外で小用が我慢できなくなってね。その辺にある店に駆け込んで用を足してトイレから出たら、店員の熟女に頭ごなしに怒鳴られちゃって。「怪しいもんじゃございません」って弁明したいんだけど、英語もドイツ語も喋れないし、ただただ「ソーリー」を連呼して。散々叱られて、外に出てみたらば、目の前に公衆トイレがあったんです。無知って辛いなと、改めて思いました。

それで一昨年ですか、遂にアメリカに行くことになって。ニューヨークとロサンゼルスです。実は前から何度かオファーがあったんだけど、ずっと断ってたの。なぜなら、アメリカが嫌いだから。世界の警察ヅラしてるのが許せなくて。何かコトが起きれば、アメリカ様がなんとかしてやる、みたいなね。今の今まで、ずっと上から目線でしょ？　私は常々、「悪の枢軸、アメリカ」って言ってましたから。

トランプだって、ただの商人(あきんど)じゃないですか。単なる武器商人だもの。アメリカツアーが決まってからは、方々で「ライブでスベったら、トランプタワーで脱糞して来ます」ってギャグで言ってました。出かける直前まで、どうも気乗りしなくて。「中止にならないかなぁ……」と思ってたんですけど、別にトランプ大統領に向けて歌うわけじゃないし、国と対決するわけじゃないからね。お客さん一人ひとりに対峙しに行くわけだから。そう思ってね、気を入れ直したんだけど。

で、私もいい加減、少しは英語を覚えてみようかしらって、急に殊勝な気持になりまして。テレビCMで、ちょうどあの「スピードラーニング」っていうのを見つけて、無料のサンプルCDを取り寄せようとしたんです。そしたら、電話窓口の女性が非常にしつこくてね。「合わなかったら送り返していいですから」とか言って、本チャンの有料教材を送りつけようとするんです。私は断固として「無料のやつだけ送ってください」って言い張って。向こうも諦めて、無料教材を送ってきたんですが、これが実に微妙な内容で。ギリギリ使えそうなのは、「ミディアム・レア・プリーズ」だけなのよ。仕方がないのでそれだけ完璧に暗記して、出掛けて行ったんです。

いざ行ってみたら、これが非常に楽しくてね。今までの海外ツアーで一番楽しかったんじゃないかと思うくらい。何と言っても、ライブがうまく行ったしね。

ニューヨークのライブ会場はチェルシー地区っていう、画廊がいっぱいあるところの、でっかいギャラリー。壁には現代美術っぽい作品が展示されていて、お客さんもアート系というか、尖った雰囲気の若者が多かった。何者かになろうとしているというか、問題意識も好奇心も向上心もある、つまり、「たった一人になれる」人たち。個人であることを怖がってないの。「寄らば大樹の陰」っていう発想が、実は一番苦痛なんだということが肌で分かってる感じで。だから、日本のどこかの村で歌ったりするのとは全然違う、凄く良い緊張感があった。「イエスかノーか、はっきり言うよ」という空気がね。それぞれがちゃんとリスクを背負って、その場にいるというのが伝わってきた。だから私も、「目にモノ見せてやろう」って、気合い入りましたよ。

曲間では、恩田晃さんという、現地在住のアーティストの方に通訳をしてもらったんですが、これも功を奏しました。歌は終始シーンとして聴いていてくれていたんですが、良い感じにメリハリがついて、お客さんが全然ダレなかった。かと言って、おもねりは一切ないし、私自身、一人ひとりと勝負してる感じがしてね。非常に清しいものがありました。アンコールでは「生きてるって言ってみろ」を歌ったんですけど、ちょっと異常な反応で。一瞬間があってから、拍手がワーッと巻き起こって。久々にゾクッと来た。

ニューヨークでは、ブルックリンの民泊に滞在していたんだけど、チャイナタウンでインスタントラーメンの「サッポロ一番みそ」を大量に入手して、毎日食べてましたね。これさえあれば何も怖くないから。それで、民泊の近くのスタンドでコーヒーを買って、外でタバコ吸ってるとね、近くで酔っ払いのおっさんと年老いたおじいさんが何やら世間話してるのが聞こえてくるのよ。もちろん内容はわからないけど、とりとめない感じで、そのおじいさんのしゃがれ声がトム・ウェイツにそっくりなの。しきりに「メイビィ、メイビィ」って言って、何か耳触りが良いのよ。それで早速スタッフの前で真似してみたんだけど、調子に乗ってやりすぎて、ライブ前に喉がガラガラになっちゃって。

「ニューヨーク近代美術館」も行って良かったな。マティスの「ダンス」という作品が、想像以上に素晴らしくて。あの適当さ。自由さ。塗り残しも多いし、足の指の一部なんか明らかに描き損ねてるじゃないかっていう。幼稚園児でも「ここはこうでしょ」って、先生に直されそうな描き方なんだけど、そこに何とも言えない凄みがある。前にも図録では観たことがあったんですが、いや、実物を観て圧倒されました。

トランプタワーの近くにも一応行ったけど、トランプなんか本当にどうでも良くなった。脱糞するまでもなかったね。ニューヨークでは、人間はどこまでも個人対個人で良いんだということを、いろんな意味で痛感した日々でした。

ロサンゼルスも別の意味で面白かった。時間の流れ方の違いみたいなものも含めて。

ちょうど私たちが滞在している時に街の中心部では大規模な反トランプデモがあったそうで、私は直接目撃していないんですけどね。騎馬警察も出動したりして、ちょっと雰囲気が異様だったみたいです。ここでもやっぱり郊外の民泊を利用したんだけど、私は昼間は中庭の椅子に座って、タバコ吸ったり、爪切ったりして、ひたすらボーッとしてました。垣根の辺りをハチドリが飛んで、電線をリスが走ってね。あれも良い時間だったな。なんでもない時間って、実は日本だと作れないから。日々の生活に追われて、っていうのもあるけど、そもそもああいう時間とか空間って日本での日常の中にはあり得ないのよ。

夜は近所でキューバ料理かなんか食べて、これがなかなかの味でね。肉料理だったんだけど、完全に失念してまして、「ミディアム・レア・プリーズ」を。言い損ねちゃいました。それで、ビールとワインをしこたま呑んで、部屋に帰ってからもやっぱり大酒呑んで、窓を開けたまま朝まで騒いじゃって。翌日、管理人に「うるさいよ」って怒られてしまいました。どこに行っても、やってることはあんまり変わらないの。

ライブ会場はニューヨークとは打って変わって、いかにも老舗っぽいライブハウス。お客さんは若者中心に百五十人くらい集まってくれて、全体にノリが良いというか。意外に静かな曲の反応が良かったって、スタッフが言ってましたけど、自分ではよくわかりません。通訳はやはり現地に在住している植田珠来さんというアーティストの方がやってくれまして、凄く柔らかい女性で、こちらもニューヨークの印象とか、マティスの話とか、ステージでベラベラ喋りました。そういえば、前座の若い女性ミュージシャンが私の大ファンだったらしいんですが、終演後にやけにあっさりいなくなりましたね。あれはどういう意味だったんだろうな。

ざっと振り返ってみましたけど、結局、いつでもどこでも出たとこ勝負ですから。もちろん、土地柄や国民性の違いというのはありますし、コンディションの良し悪しというのもありますけど、私自身は「一人盆踊り」やるだけ。それが一人ひとりのお客さんにハマったり、ハマらなかったりするだけなんですね。

海外に行くと、帰ってきてからがとにかくキツイんですよ。消耗し切って、何日も寝込んじゃうから。かなり効率悪いのよ。

ただまぁ、どの国も、もう一回行ってみたいなという感じは、なくはない。あんまり軽々しく誘わないで欲しいんだけれども。

何と言っても、せっかく覚えた「ミディアム・レア・プリーズ」、まだ使いこなせてないですしね。一回ぐらいはバチッと。スタッフの前で言ってみたいんですよ。

マッコリ・老酒(ラオチユー)・高粱酒(コーリヤンしゆ)　お茶の子さいさいアジア紀行

ここ十年くらいの間に、アジアでも三カ国ほど呼ばれて歌いに行きました。韓国、中国が各一回と、台湾が二回ですね。アジアが楽なのは、近いのもあるけど、何と言っても食い物ですよ。しつこいようですが、舌だけは変わりようがないですから。

韓国は国際交流基金の援助を受けて歌いに行くことになったんですが、朝から晩までマッコリ三昧でしたよ。もともと、どぶろくは大好きだしね。マッコリは呑み口も良いし、次の日に残らないのよ。焼肉も安くて美味しいし、食に関しては何も言うことありませんでしたね。あまり嬉しくて、ライブのMCでも通訳を介してマッコリの話ばっかりしたもんですから、アンコールの時にお客さんのおばさんが気を利かせてステージにボトルを何本か届けてくれました。アンコールで花束を頂戴したことは何度かありますが、マッコリの瓶を頂いたのはあれが最初で最後です。

中国は北京のライブハウスの招聘を受けて行ったんですが、確かに食事は良かった。北京ダックなんか全然好きじゃなかったのに、向こうのスタッフに連れて行ってもらったレストランで開眼しちゃってね。あれは皮だけ食うもんだと思ってましたが、肉そのものも美味いんですね。その辺の屋台でおそるおそる食べた、何が入ってるかわからないカレー鍋みたいのも美味しくて。期待してなかった分、印象的でした。

ただやっぱり、驚くことも沢山ありましたね。あの仕切りのない公衆トイレもそうですし。若い男がケツ丸出しにしてスマホでメール打ったりしてるんですから。高層ビル街のど真ん中に突然オンボロ長屋みたいのがあったりね。で、軒並みパンツが干してあるんですよ、玄関先に。ちょっと視線を変えると周囲は巨大な建物が取り囲んでるし、違和感が凄くて。

北京のライブのお客さんも若者が多くてね。スタンディングで、ぎゅうぎゅう詰めだったんだけど、一挙手一投足を目に焼き付けようっていうね。ちょっと怖い感じの集中力と緊張感を感じました。ライブ前、向こうの老酒（ラオチュー）みたいなものを飲んでて結構酔っていたんですが、ステージに立ったら一気に覚めましたね。ライブの内容はあまり記憶してないんですが、あの張り詰めた雰囲気はしっかり憶えています。

台湾に関してはね、ちょっと一口には語り尽くせない色んな想い、ありますね。つい先日、二度目の台北公演に行ってきたばかりなんですが。

私と台湾との繋がりは、俊仁（シュンジン）という向こうで高校の数学の先生をやっている若者が、可愛い奥さんを連れて私の日本でのライブを観にきたことから始まるんです。最初は宮城県の登米市っていう、いわゆる僻地なんですが、飛行機と新幹線とバスを乗り継いでわざわざ観に来てくれて。なんであんな田舎を選んでやって来たのか、不思議だったんですが、その後、秋田、浜松、沖縄とか、何度か国内各地でのイベントに遊びに来てくれて。酒酌み交わして、私のスタッフともすっかり打ち解けてね。

彼が「日本に行くと歓迎してくれるよ」って言ったかどうか知りませんが、やがて台湾の若者たちが次々と私のライブを観に来るようになって。写真家とか、映像作家とか、ミュージシャンとか、大学院生とか。アンテナ張って生きてる感じの人たちなんだけど、みんな明るくて、素直でね。慣れてくるとスタッフの家に泊めてあげて、私も川崎で安くて美味いステーキをご馳走してあげたり、パチスロを教えてあげたり。

なかでも、王（ワン）さんっていう男性は、俊仁夫妻と並んで何度も日本に来てくれて。彼は台北で小さい中古レコード屋を経営していて、やがて俊仁と二人で私のファンサイトを作ったそうなんですよ。俊仁が歌詞を中国語に訳して掲載したり、日本での交流を綴ったりね。そのうちに、この二人が中心になって私の現地ライブを画策し始めて。「先行一車」っていう王さんのレコード店に集う若者たちを巻き込んで、何年がかりかで遂に実現に至ったんですよ。すぐに「来てくれ」って言わない、謙虚さというか、生真面目さというかも、好感が持てましたね。

初回からもう大歓待してくれて。食べるにしても呑むにしても、私たちに一切金を払わさせないんですよ。申し訳なくてね。でも、彼らは負担とも思っていない感じなの。いや、実際は大変だったんだろうけど、それをこちらに全然感じさせないんです。その辺りも、見事だな、と。

残念ながら、最初はあのハッカクという香辛料がどうもダメで。やっぱり食べ物は合わないなぁ、と。ただ、高粱酒（コーリャン）っていう現地のお酒が美味くてね。かなりキツイ酒なんだけど、独特の旨味とキレがあって、ハマっちゃって。特に王さんは昼からビール呑んでるような大酒飲みなもんだから、向こうでは毎日酒盛りよ。

最初に行った時は帰りの飛行機に乗る前に、王さんの店でベロンベロンに酔っちゃってね。歩けなくなって、空港でみんなに大迷惑かけちゃって。こないだも海鮮レストランで散々食って呑んで、あまりに楽しくて久々に路上で踊ってしまいました。最近はハッカクも克服しましたし、台湾ならいつ行っても大丈夫かなと。しょっちゅう来られても向こうが大迷惑でしょうけどね。

台湾では、二度とも台北市の大きな川沿いにある芸術村の宿泊施設に滞在しました。もともとはスラムだったところを再開発したんだそうです。こぢんまりしていて、見晴らしが良くて、凄い居心地良かったね。川向こうの広場では週末マーケットが開かれてるんだけど、埃っぽくて、猥雑な感じで、戦後の闇市ってこんな感じだったんだろうな、という。そういう雑多な雰囲気も含めて、楽しかった。

ただ、ひとつ痛い目にあったことがあって。二回目の滞在時なんだけど、部屋の入り口のところに、水と一緒に小袋に入ったお菓子っぽいものが皿に並べて置いてあったんですね。それで、同行スタッフがみんな外出して、たまたま部屋に一人だけになった瞬間があって。ちょっと小腹が空いてたもんですから、「どれどれ」と思ってそのお菓子を食べてみたんですね。封を切ると、落雁みたいな形で、固くて半透明なの。見た目は特に違和感もなかったんですが、これが齧ってみたら全然甘味がしないのよ。なんか石鹸ぽくて、噛んでも噛んでも、甘さどころか、毒々しくなるばかり。結局、吐き出したんです。「何て不味いお菓子なんだろう」って思ってさ。その時は、「これも文化の違いなんだな」とかなんとか独りごちて、自己納得していたんです。

やがてスタッフが帰って来まして、「いやぁ、このお菓子が不味かったんだよ」って言って袋を渡したら、「友川さん、これ「ナチュラルソープ」って書いてありますよ」って言われて。よく見たら袋の下の方に、ちっちゃーく英語で書いてあったんだな。慌てて口を濯ぎましたけど、気持ち悪くてねぇ。またひとつ、人生に小さな不幸を積み重ねた感じがして。無知ゆえの。

文化の違いといえば、初回の滞在時に俊仁の結婚式に出たのも忘れられない出来事ですね。ライブの次の日だったんですが、みんなで大型バスに乗って、台北から数時間かけて彼の地元の嘉義市というところに行って。参加してみて、「カルチャー・ショックってこういうことか」と思いましたね。

まず、みんな普段着なんですね。王さんなんかサンダル履きだった。俊仁の実家の近くの路上を百メートルくらい封鎖して、でっかいアーケードが設置してあって、その中でひたすら飲み食いするの。会費も安いし、しみったれた挨拶とかセレモニーじみたことは一切なくて。トラックの荷台にしつらえたスピーカーからずっと大音量で音楽が掛かってて、半裸のポールダンサーのお姉さんが踊ってるのよ。まさに祝祭って感じでさ。ストレートに「祝おう」っていう空気があってね。つまり、それって

「豊か」なのよ。日本の結婚式って、チマチマしてて変に湿っぽいでしょ？　なんか葬式みたいでさ。

それで、宴もたけなわという段になって、そのムチムチしたポールダンサーが各テーブルを回ってお酌かなんかし始めたのよ。我々一行のテーブルにも回って来て、どうするんだろうなと思って見てたら、いきなりダンサーがマネージャーの大関君に抱きついてね。異様に巨大なオッパイに無理やり顔を埋めさせちゃって。周囲で大歓声が上がりました。次いで別のスタッフにも同じことし始めてさ。全部、俊仁の差し金だったんだけど。で、状況的に考えて、当然次は私の番だな、と。ある意味、主賓ですしね。それで静かに身構えてたんだけど、これが見事にスルーされちゃって。ちょっと捨て子みたいな気分を味わいました。

台北ライブのお客さんは二回とも二百五十人くらい集まりましたね。やたら盛り上がっちゃって。あれだけ人が入って、反応が良ければ、やっている方もラクなのよ。無理やりテンション作る必要がないしね。お客さんが自然と「場」を作ってくれるから。

いちいち歓声が凄いんだけど、みんな、俊仁や王さんの熱に浮かされてるのがわかるの。私にじゃなくて、現地スタッフの熱量に巻き込まれてるのよ。だから、その辺りだね、歌ってて良かったな、と思うのは。多分、お客さんは歌の内容とかよくわかっていないと思うんだけどね。俊仁が何曲か中国語に訳して印刷したパンフレットを配布してくれてましたけど、そもそも歌詞の意味なんかどうでもいいんだし。言葉にすると嘘臭いんだ。言葉じゃなくて、生きてる気概とかテンションみたいなものこそが伝わるの。彼らが私の歌を聴きにくるのも、自分自身を欲しがっている、彼ら自身を欲しがってるからなの。そこに私は感銘を受けるんですよ。

王さんというのは実に懐の深い男で、古臭い言葉で言うと彼には「磁場」があるんだけれど、あくまでも、それぞれなのよ。ライブのお客さんも含めて、誰も徒党を組んでない。それは最初から感じましたね。バラバラの良さ。お互い認め合ってるんだよ、「違い」を。それぞれが良い意味で生意気でね。

大体ね、「みんなで一緒に頑張る」のは、村の消防団だけでいいの。日本人は得てして「団体」になっちゃうのよ。たった四、五人集まっただけでもすぐ新興宗教みたいになっちゃう。それがつまらないんだよ。台湾の人たちを見ていると、強くそう思う。私も彼らから凄いエネルギーもらってますよ。

そうそう、彼らとは別に、厳さんという上海出身の若い女性も、同時期によく日本でのライブを観に来るようになって。台湾にも来てましたね。彼女は日本語も英語もペラペラで、いつも単独行動なの。正真正銘の才女なんだけど、外見は背の高い可愛らしい小学生みたいで。毎回、何の前触れもなくやって来て、いつの間にか打ち上げに参加してて、その辺にちょこんと座ってて。「あ、また来てくれたんだ」って、こっちも嬉しい以前に驚いちゃうんだけど、あの身軽さ、行動力には感服させられる。一度、秋田の郷里でやったライブにも来てくれてね。台湾の連中とも一緒にバスケットボールやったことありますよ。彼女は運動神経も良いし、オドオドしてない。余計な躊躇がないんだな。

いつだったか、セックス・ピストルズのジョン・ライドンの自伝をプレゼントしてくれたりもしたな。「厳さんはもう読んだの？」って訊いたら、「はい、英語の原著で読みました」って言われて。わぁ、格好良いなぁ、と思って。先日も滞在先のイギリスから絵ハガキが届いてね。丁寧な字で、「私は一人ぼっちですが、絵描きにはなれません」って、私の「一人ぼっちは絵描きになる」という曲の歌詞を引用した挨拶が日本語で綴ってあって。また元気に旅してるんだなぁと思って、嬉しかったね。

彼、彼女らと一緒に居ると、変な言い方ですけど、何かしら「恩義」を感じるのよ。なんか、有り難いなぁ、と思ってね。私、本来そういう謙虚なタイプじゃないんだけど。まず、よく来たな、と。リスクを背負ってね。かと言って、恩着せがましい感じは全然なくて、いつでもフラッと現れて、いつでも楽しそうなのよ。言葉だってよくわからないだろうに、私の歌を真剣に聴いてくれて。「音楽は国境を越える」って、よく言うでしょ？　あんな嘘くさい言葉は大嫌いだけど、そういうことじゃなくてね。「そういう人もいるんだなぁ」って、彼らの姿を見ていると認めざるを得ないのよ。国籍とか全然関係ないんだな、って。

そういう生き方を目の前にポーンと投げ出されると、感動するわけ。自分がそういう人間じゃないだけに。いくらジャニス・ジョプリンが好きでも、わざわざアメリカまでは聴きに行かない。私は行動範囲、狭いもの。自宅と競輪場と呑み屋くらいしか行かないわけだから。

だから、自分がたいして行ったこともない異国で、自分の歌がいろんな人に聴かれていると思うと、変な感動を覚えるんですね。向こうに行った知人のミュージシャンからも、「王さんの店に行ったら、友川さんの歌を散々聴かされました」って報告受けたりして。みんな広報担当か、っていうくらいに、私に情熱を傾けてくれて。

普段だったら、「その気持、現金化できません?」なんて茶化してしまうところなんだけど、ちょっと彼らはタダじゃない。

だから、生きてるうちにもうひとつふたつ、美味い酒を酌み交わしたいなぁ、と。

そう思ってますね。

病気ジマンもいいかげんにします

二十年ほど前から、コンスタントに面倒な病気に見舞われてまして。こうやって酒呑みながら喋ってるぐらいですから、大概克服して来てるんだけど、よくよく考えて見ると、どれこれも大病といえば大病だったんです。

腰痛の方はまぁ、年齢的に考えてもよくある話なんでしょうけど、ざっと挙げてみると、顔面神経麻痺、腸閉塞。その前には精神の方をちょっと痛めて病院に世話になったこともありますし。今回の本にも載せている地蔵様の一件とか、大したことなかったな、というものも含めると、年に一回くらいのペースで変な病気に罹ってますね。

どれもこれもハッキリとした兆候はなくて、いつも突然やってくるんですよ。

顔面神経麻痺をやったのは、六十歳になる手前。発症したのは山口県に滞在していたとき。競輪関係の仕事で防府にロケに出かけてまして。とりあえず無事収録が終わって、地元の店でスタッフと打ち上げをしていたら、突然呂律が回らなくなったの。「あちゃー」と思ってね。うちは脳梗塞の家系でもあるし、これはきっとそうなんだろうと。それですぐに東京に戻って、マネージャーの大関君が羽田空港まで迎えに来てくれたんだけど、その時には完全に顔が曲がっちゃってて。大関君も絶句してました。羽田からそのまま川崎の救急病院に直行して。その時はハッキリしたことはわからなくて、とりあえず脳梗塞ではなさそうだと。それで翌日、別の病院に指示されるがままに行ったら、「この薬飲んで、一週間後にまた来てください」って、それだけなのよ。だけど、顔はひん曲がってるし、口から水は垂れるし、涙は勝手にボロボロ出るし。「ホントに大丈夫なのかなぁ」と思ってね、大関君に「こういう診断だった」って言ったら、彼は「いやいや、そんな簡単な病気じゃないですよ」と。

それで、改めて横浜の鶴見にある顔面神経麻痺専門の病院を探してもらって。これが全く不幸中の幸いだったんだけど、そこできちんとした処置を受けたからこそ、大事に至らないで済んだんですね。

毎日、朝一番で通院して。電気治療とか、自分でもできるいろんなリハビリを一週間ほど続けました。同時に様々な検査をして、結局、悪性か良性かがわかるまで二カ月かかりました。結果は良性だったんですが、ヘルペスウイルスに感染していたんですね。当時やっていたバイトの疲れと人間関係のストレスで抵抗力がガクンと落ちてるところに、運悪く頭皮を介してウイルスが入っちゃったらしいの。

しかし、その間の不安たらなかった。大関君が気を利かせて、ネットやら図書館やらで病気について調べて、いちいちファックス送ってくれるんだけど、その内容を読んでるとこれまた気が滅入るのよ。私みたいな職業の場合、仮に悪性だったらまず復帰は不可能だろうし。引退も覚悟しましたよ。当時たまたま二男が鶴見に住んでいたもんですから、通院時に彼を呼んで、「お父さん、もうダメかもしれない」と。息子はポカンとして、あんまり響いてない感じで、何か飽き足らないものを感じましたが。

まず、マトモに会話すらできなかったからね。後に歌詞にもしました（「続・ボーするる日」）けど、「アイウエオ」が言えないんです。看護師さんに「はい、アイウエオ言ってみて」って言われて、喋ろうとするんだけど、「イ」が出ないんだな。口がちゃんと閉じなくて。歯を磨いていてもツーッと水がこぼれてくるのよ。この脱力感。情けなくてね。

なんだかんだで、平癒するまで半年かかりました。この間、当然ながら禁酒・禁煙。酒は不思議と呑みたいと思わなかったんですが、タバコ我慢するのはやっぱりキツくて。何度か大関君に通院に付き添ってもらいましたが、病院に入る前に外の喫煙スペースで二、三本吹かしてもらってました。私は風下に立って、副流煙をたらふくご馳走になって。大関君のだけじゃなくて、シレッと赤の他人のケムリもいただいてましたよ。「あ、この香りはロングピースだな」「やっぱりショートホープの副流煙は美味いな」とか、心で呟きながら。

今でも疲れると勝手に右目に涙が溜まって来るんですが、これも顔面神経麻痺の後遺症ですね。その半年の間に一気に白髪も増えちゃって。以前は部分的に黒く染めていたんですが、それも面倒臭くなって、今や真っ白のままです。昔、三上寛が突然髪形を変えて来たことがあって、「どうした⁉」って訊いたら「頭にきたんだよ！」って言ってましたけど、まぁ、この歳になると髪なんかもうどうでもいいです。

闘病中は歌うのはもちろん、人前に立つこと自体ができないわけで。四六時中マスクしてましたから。大体、口の曲がった歌手に歌われても周りが困るでしょう。お客さんも私が「元気でバカ」だから観たいんであって、「元気がないバカ」を観たってゲンナリするだけだろうし。

結局、半年あまりを棒に振ったんですが、生活面のことも含め、大関君の機転のおかげでどうにか復活して今日に至っているんです。大関君は文字通りの命の恩人ですから、少々癪なことを言われても歯向かえません。私としては忸怩たるものがありますが、これは仕方がありません。

その後、七〜八年前には腸閉塞もやりましたね。これもホントに突然。急にポコンと腹が膨らんで来て。

汚い話で恐縮ですが、ウンコもオシッコも出ないし、「なんか変だな」と思ってね。やっぱり大関君に電話して、ネットで調べてもらったら、「腸閉塞の可能性が大だ」って言うんですよ。大関君は「すぐに救急病院に行ってください」って言うんだけど、救急車を呼ぶのも恥ずかしいし、「もうちょっと経てば自然に治るんじゃないか」と自分に言い聞かせてしばらく粘ったんですよ。

やがて激痛に耐えきれなくなって、意を決して近所の病院に歩いて行ったんです。そしたらやっぱり、腸閉塞です、と。その場で即入院と絶飲食・絶対安静を言い渡されました。

実は翌日、地方のライブが入ってたんで、「これは参ったな」と。それで、「どうしても外せない会議がある」とかなんとか嘘を言って、その若い医者を説き伏せて何とか外出許可を得て。一応、紹介状を書いてもらって、翌日、東京駅から新幹線に乗ってライブの開催地に向かったんです。なにせ真夏のことでしたから、喉が乾いちゃってしょうがない。道中、何か飲みたくて仕方ないんだけれども、怖くてできない。根が小心者ですのでね。

会場のある町に着くや、主催者が心配して、ライブ前に緊急外来の病院に連れて行ってもらったんですが、その医者が実にサバけた医者でして。流石に「私、これから歌うんです」とは言いませんでしたが、簡単な問診を受けて、「まぁ、スポーツドリンク程度なら飲んでもいいですよ」っていうことになって。「しめた！」と思ってね。ポカリスエット飲みながらライブをやったんですよ。

人前で素面で歌ったの、長い歌手人生で三回目くらいだったんですけど、これが意外なほどスムーズで。予想に反して大して緊張もしないし、なんだかいつもより声が出るのよ。「なんだ、酒呑まなくても歌えるじゃん」って思って、その時以来ステージの上ではアルコールはやめることにしたんです。ライブ後はちゃんと打ち上げにも出ましたよ。ごく薄い焼酎の水割りをチビチビ呑みながら。

腸閉塞の一件は「怪我の功名」そのものでしたけど、つい最近もね、「ああ、遂に俺もヤキ回ったか」と思わざるを得ない事件があって。あのね、実に情けないし恥ずかしい話なんですけど、失禁しちゃったんですよ。続けざまに三回。自宅で二回と、外で一回か。「あ、オシッコしたいな」と思って、トイレのドアを開けた途端に「ジャー」。もう、愕然としちゃって。我がことながら。

その前後に妙な発熱があったり、急にダルくなって二、三日寝込んだりもしたもんですから、かかりつけの病院にとりあえず行って精密検査をしてみたんだけど、「原因不明です」って言うんだな。それで申し訳程度に葛根湯を処方されて、「とりあえず様子みましょう」ということになったんですが。どうも体調もスッキリしないし、何より気が小さいもんだから、改めて大きな病院でMRIとCTスキャンを受けたんです。ところが、どこにも異常が見つからなくて。いよいよ、「老化極まれり、ということか……」、と半ば諦めの境地に達しかけてたんだけど、問診で「そう言えば、最近よく漏らすんですよね」って言ったら、医者が「それはもしや!」って言って。

結論を言うと、膀胱に雑菌が入っていたんですね。

特に思い当たる節もないんだけど、基本的な免疫力とか抵抗力が落ちているというのもあったんだろうね。なんにせよ、早速抗生物質を処方してもらって、それで事なきを得たというわけです。

結局、どの病気もギリギリまで疲れた時に罹ってるのは確かなんですね。とにかく、若い頃から「体力にだけは自信がある」と自分で思い込んでいたもんだから、変に無理が利くタイプではあったのよ。もともとスポーツ少年でしたし、高校生の時は十数キロの道のりを毎日自転車で通学してましたから。結構アップダウンが激しくて、授業中は疲れ切って寝てましたけどね。それで、授業の前後はバスケットボールの練習に打ち込んで、夜は夜で寝付けなくて、中也とか太宰とか、遅くまで本読んでたし。つまり、昔から「次の日に余力を残す」ということができないタチなんだな。昔は一晩宴会で呑み明かして、起きたらすぐにまた呑むというような荒んだ生活を繰り返してましたしね。未だに、ライブの打ち上げなんかでも、頃合いを見て「そろそろお開きに」って言い出せない。酔っ払うとすぐ、「誰にも明日なんか来ない！」とか言っちゃって、帰るのも帰られるのも嫌で。だから時々、カラダの方が「いい加減にせい」って、爆発するんだろうね。

これは持論なんですが、体力のある人から死んでいくんですよ。健康な人ほど、あっさり死ぬ。なぜなら、無理が利くから。病気がちな人、カラダが弱いって自覚してる人の方が、無理できない分だけ長持ちするのよ。これ、真理だと思いません？　それで、近頃私も病気がちなだけに、「あれ、長生きしちゃいそうだな」と思ってて。

これは自分でも想定外の事態なんですがね。

そもそも長命の家系でもあるんです。昨年、親父が九十三歳で亡くなったんですが、親父は脳梗塞で倒れるその日まで肉体労働してたって言うのよ。これは立派です。で、仕事頑張ってる人でそれですから、ヒマな私はさらに長生きする可能性が十分ある。

ホント、最近は無理してない。今は自宅では、ほとんど呑んでません。ずっと腰の調子が悪くて、家では寝てるか立ってるかしかないというのもあって、特に呑みたいとも思わない。だって、寝たまま呑んだり、自宅で立ったまま呑んだりしてたらバカだもの。ただ、その分、仕事とか取材で外で人に会う時はかなり呑んじゃいますね。単純に酒が美味くてどうしようもないの。たまに呑むから美味いんだな。本当に気付くのが遅すぎたね。

おかげで健康診断でも肝臓の数値は完璧すぎるくらいで。医者にも「お酒は全然呑まれないんですねぇ」って言われて。「とんでもございません」って感じで、妙にこそばゆいものがあります。確かに仕事がないと、十日とか半月とか一滴も呑まないということもままあるし、肝臓にとっては良いんでしょうね

まぁ、そういうわけで、あっけらかんと生きてますよ。「もう死ぬんだろうな」と

思ったことも何回もありますが、基本的に楽観的な人間ですし、そういう性分もカラダにとって良い方向に作用しているのかもしれない。

ただ、そんなこんなでね、最近ようやく「そうだったのか」と思ったことがあって。

つまり、病院に行くと、年寄り方が病状だの病歴だのを語り合ったりしてるじゃないですか。やけに嬉しそうに。病気ジマンってやつですね。で、聞くともなしに聞いてると、実はかなり深刻な病気だったりするんだけど、なぜか笑顔なんだな。若い頃はあれが実に不可解だったし、「みんな死ねばいい」とも思ってたんですけど、ようやく意味わかりました。

要するに、年寄りには先がない。だから笑ってられるんだな。笑うしかない、とも言えるけども。若いうちは無意識にでも「まだまだ人生先は長い」って、どこかでそう思ってるから。大きな病を得るとドーンと落ち込むんですね。だから笑ってられないの。それだけの話だったんです。だけどね、こればっかりは歳とってみないとわからないもんなんですよね。

人生長く生きてるといろんな目に遭うし、いろんな病にも遭遇する。他方、私の場合、完全に慢性化しちゃってる病気があって。腰痛もそうなんですが、やはり一番の持病と言えば、貧乏ですね。これは全く自慢になりませんけども。

貧乏はね、法定伝染病です。私見によれば。

種田山頭火に「貧乏は良い、貧乏臭いのは良くない」っていう格言じみた言い回しの言葉がありますよね。昔は「その通りだ！」って思ってたんですけど、よくよく考えてみると、というよりも実体験に即して言うと、貧乏だって全然良くない。ああいう言葉は、若干でも余裕のある人だから言えることであって、私なんかが言っても単なる痩せ我慢にしかなりません。「一期は夢よ、ただ狂へ」なんて言葉も、なるほど素敵な言葉ではあるけれども、結局本当に狂ってる人間には言えない。ギリギリまで狂いたい、ギリギリで狂えない、そういう人間だからこそ言える言葉でしょうね。

ただ、ちょっとカラダの調子が悪いくらいの方が少しくうまくいく、ということはあり得るでしょう。私みたいな職業の人間には病すらネタになるし、実際歌にもなってますし。大体、「小金はある、体調も万全だ」っていう状態の時ほど、得てしてスベるのよ。歌ってても妙な違和感あるんですよ。「金持ってて落ち着かない」とか、「体調良すぎて気持ち悪い」みたいな。

美学とか死生観とか、そういう立派な話では決してないんですが、「ポックリ逝きたい」って、よく言うでしょ？　私、それはなんか嫌なのよ。「周りに迷惑かけたくない」という気持はわかるんですが。

というのも先日、近所で呑んでて、完全に記憶を失くしてしまったんです。とりあえず乗って行った自転車は部屋のドアの前にあったんだけど、最終的にどうやって帰り着いたのか、一切合財覚えてない。

翌朝目覚めたら、何故か梅干しのビンが蓋が開いたまま台所の床に放置されてて。

「ハッ！」と我に帰ってね。必死に記憶を手繰っても何も出てこないのよ。それで、

「ああ、酒では死にたくねぇぞ……」ってさ、考え込んでしまって。

私自身、いわゆる独居老人なんですが、去年の冬だけで全国で一万八千人の老人が孤独死したというニュースを見聞きしていたのもあって。酩酊状態のまま死ぬなんて、私の場合は特にね、文字通りの犬死にですから。

つまり、前後の記憶が飛んだまま逝っちゃうっていうのが、なんとも味気ない感じがするんですよ。自分としては、「俺はもう死ぬんだ」と、ある程度認識した上で事切れたい。死ぬ一週間前にでも、「人間って、こうやって息絶えていくんだなぁ」と、わかりたい。「死ぬぞ、死ぬぞ……」って自分で思いながら、静かにフェイド・アウトしたいのよ。息子たちにも去り際に「負けるなよ～」ぐらいは言っておかないと、

一応ね。

とにかく、梅干しのビンを見てね。自分でもよくわからないけど、無性に……。

だから、「ポックリ」だけは、ちょっと御免こうむりたい。せめて死ぬ時くらい、きちんとしていたいのよ。

ま、とんだウダ話でしたけども。この期に及んで、あと十年くらいは生きたいなと思ってるんで、ひとつ宜しくお願いします、ということで。

この程度で許してもらえますかね？

解説　まつろわぬ人

加藤正人

歌手、画家、詩人、競輪愛好家、俳優、コメンテイターと八面六臂の活動を続ける友川カズキさんは、根っからの自由人だ。嫌なことには見向きもせず、好きなことだけに没頭する。他人の言うことなど聞かない。自分の言うことさえ聞かないのだから当然だ。

人は誰も、自由に憧れる。そういう人生を送りたいと願う。だが、よく考えてみてもらいたい。自由とは、あらゆるものから解放されなければ手に入れることはできない。組織に属して月々のお手当てを頂戴している限り、自由に生きられるはずはない。飼い犬の首輪を外して野良で暮らし、その日の食い物や酒や塒の心配をしながらおろおろ暮らさなければ、完全な自由を手に入れることはできない。並大抵のことではないのだ。

友川さんのライブのトークは痛快だ。自由人だから、誰に気兼ねする必要もない。建前は一切抜きで、本音だけを語る。政治経済から芸能ゴシップまで、快刀乱麻、一刀両断に斬り捨てる。自分たちが抱えている鬱憤を晴らしてくれるから、観客は溜飲を下げる。

そんな友川さんの姿を見る度に、私は己の身体に、様々なしがらみが垢となってこびりついているのを感じて恥じ入る。友川さんが神々しく思える。

友川さんと初めて会ったのは、私がまだ三十代の頃であった。脚本を担当したVシネマに出演してもらうために、監督と一緒にレコーディング中のスタジオを訪ねた。麻雀で借金をこしらえてやくざから逃げる秋田の漁師というふざけた役どころだった。初対面の私は、友川さんの同郷の後輩であると伝えた。とても好感触で、出演を快諾してもらえそうだった。

「ところでこれから飲みに行ける？」とレコーディングが終わった友川さんが尋ねた。私は飲んべえだから嬉しいお誘いだったが、監督は次の予定が入っていた。その旨を伝えると、「そういうことだと、出演はちょっと……」と友川さんが難色を示した。すると、小心者の監督は慌てふためいて、次の予定をキャンセルするために、公衆電話に向かってバタバタと廊下を走り去った。

スタジオを出た私と監督は、有楽町ガード下の居酒屋で、友川さんの奢りでしたたかに飲み、そして、出演が正式にＯＫになった。

居酒屋を出た友川さんは、体を斜めにするようにしてギターケースを提げ、千鳥足で有楽町駅に向かって歩き去った。その時の光景は今でも鮮明に覚えている。

そのＶシネマ出演が縁で、私は友川さんと一緒に競輪を始めた。二人で毎日のように川崎、花月園で車券を買い、選手を追いかけて京王閣、立川、大宮まで足を伸ばしたり、北海道の函館から九州の小倉まで、全国を旅打ちして流れた。そしてよく飲んだ。

こんなこともあった。

友川さんと一緒に出かけた小田原競輪場で、初めて会った三人組から、今晩一席設けたいのでお付き合い願いたいというお誘いを受けた。彼らは、最終レースで大穴を当て、三百万円近い払い戻しを受けていた。今晩の飲み代とホテル代も負担するので、明日も一緒に打ちませんかと言われた。断る理由もないので、札束をテーブルに載せて、それを眺めながら飲み続け三軒ハシゴした。彼らのうち二人は下戸だったが、焼酎のボトルを七本飲んだ。

当然のことながら、翌日は、ひどい二日酔いであった。友川さんと二人、半分死んだ状態で、炎天下の小田原競輪場の木陰に倒れ込み、最後の力を振り絞って予想紙を睨みながら競輪を打った。あんなに苦しいことはなかった。まさに命がけの競輪だった。

私は気の置けぬ人としか深酒をしない。記憶がなくなるまで、とことん飲める相手は、三人ぐらいのものだ。その筆頭が友川カズキさんだ。私の生涯、最も大量の酒を一緒に飲み交わした相手だ。

友川さんと飲むのは楽しい。二人で飲むと「今日はこれぐらいで」ということにはならない。飲み始めたら、徹底的に飲む。そういうつもりでなくとも、自然にそうなる。

川崎の友川さんのアパートの近くに、ご夫婦だけで経営している「喜楽」という、うまい中華料理屋がある。私も電車に乗ってわざわざ川崎まで食べに行くぐらいだ。友川さんとそこで飲み始めて、昼から夜までぶっ通しで飲み続けたこともあった。大迷惑な客だが、優しいご夫婦に甘えてつい深酒になってしまった。楽しすぎて、酒を止めることができなくなるのだ。

友川さんは、あらゆる組織に属さず、徒党を組まず、どんな人間にも服従しない。心に鎧を着ることなく、血だらけの魂を剝き出しにして生き抜いてきた。

友川カズキさんは、そういう人だ。
何ものにもまつろわぬ、自由人なのだ。

（かとう・まさと　脚本家）

初出一覧（※採録にあたり、一部を加筆修正し、再構成した）

Ⅰ

向って来る人には向って行く：『死にぞこないの唄』無明舎出版、一九七七年／恩師 加藤廣志先生のこと：『生きてるって言ってみろ』展転社、一九八五年／兎の天敵：『天穴の風』実業之日本社、一九九四年／春の信号：『天穴の風』

Ⅱ

ボーンと鳴る：『生きてるって言ってみろ』／たこ八郎さんのこと：『生きてるって言ってみろ』／たこ八郎が居た：『ちぎれた青いノド』三心堂、一九八八年／たこ八郎と中原中也：『現代詩手帖』二〇〇七年四月号、思潮社

Ⅲ

寂滅：『生きてるって言ってみろ』／覚：『生きてるって言ってみろ』／「覚」オメデトウ：『及位覚 遺稿詩集』矢立出版、一九八七年

詩篇Ⅰ

朝の骨：『朝の骨』無明舎出版、一九八二年／おとうと：『朝の骨』／借金：『朝の骨』／他人の確立：『朝の骨』／故郷に参加しない者：『朝の骨』

Ⅳ

デッサンを始めました：『ちぎれた青いノド』／洲之内徹さんのこと：『ちぎれた青いノド』／フトンの中のダッシュ：『天穴の風』／間村さんとクレー：『ジョバンニ　間村俊一画集』、洋々社、栞、一九九八年／絵のこと腰のこと：『季刊銀花』二〇〇五年秋号、文化出版局

Ⅴ

酒：『生きてるって言ってみろ』／にごり酒と四十男：『天穴の風』／ラッキョウの六月：『天穴の風』（あとがきより）／夜の水：『天穴の風』／競輪が病気なら治らないでほしい：『友川かずきの競輪ぶっちぎり勝負』（序）ベストブック、一九九五年／「それはもう、滝澤正光！」：『友川かずきの競輪ぶっちぎり勝負』／気づいてみたればここはメッカ：『競輪生活』ジャパン・ミックス、一九九八年

Ⅵ

中上健次さんのこと：『生きてるって言ってみろ』／ガキのタワゴト：『生きてるって言ってみろ』／死を教えてくれた作家：『ちぎれた青いノド』／ガーベラ：『天穴の風』

Ⅶ

私に私が殺される：『天穴の風』／一番下の空：『天穴の風』

詩篇Ⅱ

神楽坂「もきち」：『天穴の風』／藤荘12号室／ユメの雪：『天穴の風』／空を遊ぶ——弟覚の七回忌に：『天穴の風』／花々の過失：『エリセの目』矢立出版、一九九三年／天穴：『天穴の風』／武蔵野日赤病院四百五十号室：『天穴の風』／犬の帰り道：『天穴の風』

Ⅷ

欧米七カ国・一人盆踊り出たとこ勝負：語り下ろし／マッコリ・老酒・高粱酒　お茶の子さいさいアジア紀行：語り下ろし／病気ジマンもいいかげんにします：語り下ろし

※本書は文庫オリジナルです。

ちくま文庫

一人盆踊り（ひとりぼんおどり）

二〇一九年六月十日　第一刷発行

著　者　友川カズキ（ともかわ・かずき）
発行者　喜入冬子
発行所　株式会社　筑摩書房
東京都台東区蔵前二―五―三　〒一一一―八七五五
電話番号　〇三―五六八七―二六〇一（代表）
装幀者　安野光雅
印刷所　星野精版印刷株式会社
製本所　株式会社積信堂

ISBN978-4-480-43584-2 C0195